QIANGGUO ZHI ZHI

TIXI YU NENGLI DE SHUANGCHONG XIANDAIHUA

强国之治

体系与能力的双重现代化

李岩 张小劲 陈波 江文路 等著

SPM
南方出版传媒
广东人民出版社
·广州·

图书在版编目（CIP）数据

强国之治：体系与能力的双重现代化/李岩等著．—广州：广东人民出版社，2022. 1
ISBN 978-7-218-15250-9

Ⅰ．①强…　Ⅱ．①李…　Ⅲ．①国家—行政管理—研究—中国
Ⅳ．①D630. 1

中国版本图书馆 CIP 数据核字（2021）第 181275 号

QIANGGUO ZHI ZHI——TIXI YU NENGLI DE SHUANGCHONG XIANDAIHUA

强国之治——体系与能力的双重现代化

李岩　张小劲　陈波　江文路　等著

出 版 人：肖风华

责任编辑：廖智聪
装帧设计：河马设计
责任技编：吴彦斌　周星奎

出版发行：广东人民出版社
地　　址：广州市海珠区新港西路 204 号 2 号楼（邮政编码：510300）
电　　话：（020）85716809（总编室）
传　　真：（020）85716872
网　　址：http://www.gdpph.com
印　　刷：佛山市迎高彩印有限公司
开　　本：787mm × 1092mm　1/16
印　　张：14. 25　　**字　数**：200 千
版　　次：2022 年 1 月第 1 版
印　　次：2022 年 1 月第 1 次印刷
定　　价：42. 00 元

如发现印装质量问题，影响阅读，请与出版社（020-85716849）联系调换。
售书热线：020-85716826

本书著者

| 李　岩 |

清华大学政治学博士，民政部政策研究中心博士后

| 张小劲 |

清华大学社会科学学院政治学系系主任，教授，博士生导师

| 陈　波 |

北京外国语大学国际关系学院政治学系讲师

| 江文路 |

华中科技大学马克思主义学院讲师

| 古明明 |

中央党史和文献研究院第一研究部副研究员

| 曾　江 |

中国政法大学商学院企业史研究所讲师

代序：对待中国现代化应走出传统“中西之争”[①]

俞可平

自洋务运动以来，中国经历了三个不同的现代化阶段，形成了三种模式。三种模式间存在着根本性的差异，但其背后却有一条共同的内在逻辑，这就是从“西化”到“中化”，“中化”与“西化”间的相互冲突和相互交融。

自从洋务运动启动了中国现代化之航程后，中国的现代化进程就既未完全中断过，也从非一帆风顺，而是断断续续，一直到现在，已经有一个半世纪了。期间经过了三个阶段，即从 19 世纪中叶到 1911 年清政府领导的现代化，从 1912 年到 1949 年国民党领导的现代化，1949 年以后，特别是改革开放后中国共产党领导的现代化。这三个不同的现代化阶段其实也是三种不同的现代化模式，因为它们分别与三种不同的政治框架相结合。用国内通行的术语来说，这三种模式就是：清政府的封建主义现代化、国民党的资本主义现代化和中国共产党的社会主义现代化。

然而，令人感兴趣同时又发人深省的是，尽管这三种不同模式的现代化之间存在着根本性的差异，但是在它们的背后却有一

---

① 本文原载 2011 年 11 月 28 日《北京日报》，标题和个别文字有所改动，引文注释从略。

条共同的内在逻辑，正是这条共同的逻辑把三个不同阶段的现代化进程贯穿了起来。这条逻辑就是从“西化”到“中化”，“中化”与“西化”之间不断地相互冲突和相互交融。

近代以来，“西化”对“中化”成为中国现代化进程中一个拂之难去的悖论。“西化”即“西方化”，其基本意思是，中国的现代化过程就是一个全面向西方国家学习和接近的过程，不仅在经济上和科学技术上要引入西方国家的制度、知识和方法，而且在文化上和政治上也要向西方国家学习。“中化”即“中国化”，其实质性意义是，中国在经济科技上比西方国家确实落后了，但中国的政治和文化却是先进的，向西方国家学习经济和科技，最终是为了强国之“本”，即巩固原有的政治制度和文化传统。

一、从洋务运动一开始，朝野之间关于“西化”与“中化”的论争就不绝于耳，“西化”论一度在知识分子中占据支配地位

我们先来看看清政府的现代化。清政府在被迫进行现代化之初，实行了“洋务运动”，译成英文就是“西方化”（Westernization）运动。此后，“西化”便成为一个强有力的声音伴随着中华民族救亡图存的过程，并且形成了支持“西方化”运动的各种学说观点。但是，从洋务运动一开始，朝野之间对“西化”的反对之声就不绝于耳，也同样响彻整个中国的现代化过程。在反对“西化”的过程中，也慢慢形成了从整体上反“西方化”的系统理论，即各种各样的“中化”理论。1898 年张之洞提出了“中学为体，西学为用”的观点，试图为当时的“西化”与“中化”之争做出调解和裁决。张之洞的这一态度很快就为清朝当局所接受，并且成为官方的政治判断和现代化的基本原则。“洋务运动”也随之转变为“中体西用”运动。

中西之争在民国时期，特别是在“五四”以后的20世纪20、30年代，表现得更加充分。自从清末实行洋务运动以后，现代化的合法性问题便开始逐渐让位于合理性问题。到20世纪20年代以后，中国思想界讨论的重心事实上已转移到现代化的模式上，也就是转移到中国应当实现何种现代化这一问题上。关于中国应当实现何种现代化的争辩从“五四”前就开始了，在20世纪30年代达到高潮，并且一直延续到20世纪40年代。当时展开的几场大讨论，如关于“东西方文化”的论战，关于“中国现代化出路”的讨论，关于“中国本位文化”的讨论，关于“以农立国还是以工立国”的讨论，说到底都是关于中国现代化模式的讨论。在这些讨论中，中国知识分子提出了许多形形色色的理论，如“全盘西化论”“世界化理论”“充分西化论”“中国本位论”“中体西用论”“西体中用论”“中西互补论”“中国国情论”“中国特色论”等。今天，当回过头来重新审视这场大讨论时，我们看到，所有这些理论虽然名称各异，但所要解决的基本问题不外是中国将要实现的现代化应当是西方式的还是中国式的，也就是“西化”还是“中化”的问题。

我们把主张西方式现代化的理论简称为“西化论”，它包括“全盘西化论”“充分西化论”“世界化论”等。这种理论的一个基本前提就是把现代化界定为“西方化”，认为西化是中国社会发展的唯一目标模式。这一理论的倡导者们甚至不愿采用“现代化”“工业化”等概念，而坚持用“西化”来概括整个世界历史发展进程中的现代阶段。到20世纪30年代，当越来越多的学者开始放弃使用“西化”概念而采用“现代化”或“工业化”等概念时，“西化论”的主要代表陈序经颇不以为然，他说：

> 此外，严既澄先生以为“西化”这个名词颇不适当，最好改为“现代化”。胡适之先生在其著作里，也用“世界

化”字。我个人在以往的著作里，也用过这两个名词，但我以为，在实质上，在根本上，所谓趋为世界化之文化，与所谓代表现代的文化，无非就是西洋的文化。所以“西化”这个名词，不但包括了前两者，而且较为具体，更易理解。胡先生虽用了“世界化”的字样，他却仍用“充分西化”的词句。至于严先生虽觉得“西化”两字颇不适当，但他也依然采用“全盘西化”的词句。所以我相信“西化”这个名词的采用，是不会发生问题的。

把“现代化”界定为“西方化”是有历史依据的。中国知识分子的危机感是在与西方文明的冲突中产生的。19 世纪中叶，西方列强凭着先进的武器和产品强行打开了中国的大门，使中国人第一次看到了西方文明的威力，发现了中国文明与西方文明之间的差距。他们感到，若不迎头赶上，中华民族必将覆亡。从那时起，先进的知识分子便决心把西方作为榜样，向西方学习。在当时的知识分子看来，先进的物质文明乃至精神文明都是西方现代化的产物，因此他们把中国的发展目标定为“西化”或“欧化”。“西方化”的意思就是全面引进西方的工业文明和精神文明，包括现代的科学技术、民主政治、教育、文化、艺术等。因此，在 20 世纪 30 年代以前，“西方化”几乎完全等同于“现代化”，人们经常不加区分地在相同的意义上使用这两个概念。像陈独秀、胡适这些现代化运动的早期倡导者都使用“西化”和“欧化”的概念。事实上，把“西化”与“现代化”加以区别是 20 世纪 30 年代以后的事。北京大学的罗荣渠先生证实了这一点：“‘现代化’一词作为一个新的社会科学词汇在报刊上使用，是在 30 年代。就现在所知，1933 年 7 月《申报月刊》为创刊周年纪念，发行特大号，刊出‘中国现代化问题特辑’，大概是这个新概念被推广使用的正式开端”。

西化论者屡屡强调，“西化”就是世界化，是世界历史发展的潮流。这种潮流是无法抗拒的，谁抗拒就是自取灭亡。有人说：“西洋文化是世界文化的趋势。质言之，西洋文化在今日，就是世界文化。我们不要在这个世界上生活则已，要是要了，则除了去适应这种趋势外，只有束手待毙”。在他们看来，西洋文明已超越了国界而成为全球性的普遍文明，是全人类的共同财富。全盘西化并不是效法哪个国家，而是吸取人类的共同财富。“所谓西洋文化，从历史看，并非西洋人所注册的专利，从地域看，它已风靡全球……（西洋文化）可名正言顺地唤作现代世界文化。我们之吸取所谓西洋文化，就是要使中国现代化，要使中国成为世界队伍中之一员猛将”。

反对西方式现代化者提出的理由是，西方的物质文明固然发达，但精神文明却不如中国。对此，西化论者提出了强有力的反驳。他们指出，物质文明与精神文明是紧密地联系在一起的，物质文明体现着精神文明，西方不仅物质文明的程度比中国高，精神文明也比中国高。西化论的主要代表之一林语堂专门做了一篇题为《机器与精神》的文章，针对“称西方文明为物质文明、机器文明，而自称吾国文明为道德文明、精神文明”的理论，他说，有物质文明未必就没有精神文明，反之，没有物质文明未必就有精神文明。西方不仅有物质文明，而且也有精神文明。西方的科学、政治、教育、学术等精神文明都比中国先进。他形象地比喻说：“坐在自来水马桶上大便的人精神上未必即刻腐化，坐在中国的苏杨马桶上大便的人，精神上也未必保得住健全”。他最后得出的结论是：我们须记得机器文明，原来也是人类精神之一种表现。有了科学，然后有机器，有了西人精益求精的商业精神，才有今日人人欢迎的舶来品。

西方式现代化理论虽然一度在知识分子中占据支配地位，但变法革命之所以失败，由于不明国情，欧化者“削足适履”，以致“橘过淮南为枳”，欧美议会政治，搬到中国就成为猪仔政治……外国科学教育，搬到中国就成为洋八股，美棉移植中国，产量就要减少，意大利蜂移种中国，酿蜜也比较不多。

那么究竟什么是“中国国情”或“中国本位”呢？在这一问题上中化论者之间争议颇多。有人认为“中国本位”即是“此时此地的需要”，它包括“充实人民的生活，发展国民的生计，争取民族的生存”。有人则把“中国国情”理解为民族特征，它包括自然环境、民族素质遗传和历史文化。

一方面，中化论者认为中国传统中有优秀的成分和中国有自己的特殊国情；另一方面他们又指出西方文明也并非全然是好的，它也有良莠之分，不加区分地全盘接受西方文明，同样会给中国带来灾难。西方人固然比中国人富裕，但西方国家两极分化，劳动人民受资本家剥削。瞿秋白这样说：“一方面有人因为痛感过剩，把大量的棉花和粮食销毁，把大量的牛奶倾诸河流，把鱼投人海中，把玻璃毁坏。另一方面呢？则成千整万的失业群众忍受着饥寒的熬煎，求一饱而不可得。以单是生产技术的现代化，这世界还是不免于畸形发展，不免于造就惨绝人寰的悲剧。上一回的世界大战，不就是生产技术进步所收获的果实吗?”

三、20 世纪 80 年代以来，“西化”与“中化”的争论，更多地表现为“美国化”与“中国化”的争论

20 世纪 80 年代，中国实行了对内改革对外开放的现代化战略，中国的现代化进程再次面向西方国家，“中化”与“西化”的问题从而也再度出现在中国知识界面前。但是，这一次“西化”与“中化”的争论，更多地表现为“美国化”与“中国化”

的争论。“西方化”与“反西方化”，或者更具体地说，“美国化”与“反美国化”，再次成为目前中国在意识形态领域中最引人注目的两个极端，而其影响所及则已经远远超出意识形态领域，涉及政治、经济、教育、学术、文学、艺术、出版，直至人们的风俗习惯和日常生活。

我们先来看看被视为“西方化”和“美国化”的种种表现。语言也许最能说明问题。学习英语是当今中国学生最重要的任务之一，在城市和农村中有条件的学校，小学就开始设立英文课，而到了大学阶段，学生们用力最多的课程之一恐怕就是英语。以上还只是一些表面性的现象，更重要的是美国人的生活方式，美国的政治制度、经济制度和管理方式，甚至美国的意识形态和人文精神都成为许多中国人追求和效仿的对象。“美国梦”成了改革开放后中国年轻一代中许多人的理想。

另有个别人甚至认为，在美国的强大攻势和收买政策下，中国的许多知识分子和政府官员等社会上层已经被“美国化”，中国的精英文化已经是一种美国式的文化。最近这些年发生的新一轮移民高潮，由于有许多“富二代”“官二代和“裸官”的加入，似乎更加证明了上述观点。

“西方化”和“美国化”的对立面是反西方化和反美国化。反西方化，特别是反美和抗美是中国近代以来一种挥之不去的民族情结。一部近代中国史，特别是中国共产党的革命史，在很大程度上可以说，也是一部反西方列强和反美抗美的历史。改革开放后，中国人的反美情绪有了很大的缓解，但自20世纪90年代以来，特别是在以美国为首的北约轰炸中国驻南联盟大使馆后，反美情绪又开始加重并达到了一轮新的高潮。翻开讨论国际关系、民族文化和全球化的报刊书籍，就可发现大量斥责“美国化”的文章。许多中国人揭露美国对中国实行的“西化”或

“分化”图谋，痛恨美国人充当世界警察的角色，蔑视美国人的傲慢无知，直至讽刺那些主张向美国学习的中国人为“洋奴”“西奴”或“媚美派”。

反“美国化”的人认为，美国不但不值得中国效仿，而且中国也完全可以不理美国的霸道，中国应当对美国采取更加强硬的外交政策，不必处处看美国人的脸色行事，更不必事事对美国做出妥协。前些年几位年轻记者顺应这种反美情绪编写了一本叫作《中国可以说不》的书，一时间反响巨大，洛阳纸贵。其他出版商也赶紧抓住这一难得的出版“良机”，组织人员编辑出版了好几本类似的书籍，诸如《遏制中国》《妖魔化中国的背后》《中国为什么说不?》《中国就是要说不》《中国不高兴》等，其内容多半是宣泄部分中国知识分子的反美情绪，掀起了改革开放后一个小小的反美高潮。所有这些作品都以相同的逻辑宣扬一个相同的观点：中国是世界上人口最多的大国，早已拥有核武器，又是联合国的常任理事国，改革开放后经济增长迅速，综合国力已经足够强大，可以与美国相抗衡。美国仍然是一只纸老虎，它表面上看似乎十分强大，但实际上自身有许多内在的缺陷，外强中干，财政金融危机已潜伏多年，它没有人们所说的那么了不起，它的没落可能比人们想象的要早得多。况且，在 1949 年前的国共内战以及 20 世纪 50 年代的朝鲜战争中，它与中国共产党的较量都以失败而告终，“美国拿中国没有办法”，中国可以理直气壮地对美国说“不”。

近几年的“中国模式”之争，也在一定程度上反映着“中化”与“西化”的思维逻辑。“中国模式”本来是一些学者对中国现代化道路的理论探索，但最后却从学术话题转为政治话题。从其学术本义来说，“中国模式”只是中国在全球化背景下实现现代化的一系列别具特色的制度、政策和策略的总和。它是一个工具性的分析范畴，无所谓褒贬。“中国模式”既有成功之处，亦有惨重教训，而且尚未定型，处于形成之中。但当“中国模式”转变成政治话题之后，含义发生了根本的变化。在赞成者眼中，“中国模式”似乎只有优点没有缺点，已经完全定型，无需改进完善；不仅可以拯救中国，甚至可以拯救世界。相反，在反对者眼中，“中国模式”则简直一无是处，它或者根本不存在，或者是所有社会问题的源泉，从而对“中国模式”形成口诛笔伐之势。

四、走出传统的“中西之争”，是现时代对待中国现代化的正确态度，也是中国新型文化的重要特征

20 世纪 30 年代前后中国知识分子关于中国现代化模式的大讨论有一个显著的特点，就是极端的观点日益少见。虽然他们在根本立场上有很大的不同，但无论是中化论者还是西化论者几乎都不再因为自己主张西式现代化或中式现代化而绝对排斥中国传统或西方文明。例如，西化论的主要代表梁实秋尽管认为中国文化中值得称道者寥寥无几，但也终于承认，“我们若把文化分析成若干部门，我们就可发现：（1）有中国优于西洋者；（2）有西洋优于中国者；（3）有不必强分优劣而可并存者；（4）此外更有中西俱不高明而尚有待于改进者。”中化论的主要代表梁启超说中西文明是可以互补的：“拿西洋文明来扩充我的文明，又拿我的文明去补助西洋的文明，叫它化合起来成一种新文明，正是我们的责任。”

从先前的两个极端逐渐走向折中，这是中国知识分子在探索中国现代化道路上的一个重大进步。这表明他们越来越清醒地认识到这样一种历史趋势：一方面，现代科学技术的发展和资本主义市场经济的需要，使得民族国家之间的政治、经济和文化交往变得日益频繁，各种文明之间的相互渗透日益明显，各民族国家之间的共同利益日益增多，这是全球化的趋势；另一方面，全球化的同时民族国家的主权和独立意识却日益增强，民族文化的特征日益被人强调，全球化不是消灭民族特征，而是一个求同存异的过程。在这样一种历史背景下，完全的闭关自守和彻底地放弃民族特色都会产生灾难性的结果。中国的知识分子在当时已开始认识到这两种并存的看上去似乎矛盾的趋势，但他们对此的认识还是模糊不清的，在争论和反驳时也常常不得要领，甚至自相矛盾，经不起认真推敲。

20 世纪 80 年代以后，人类开始逐步走进全球化时代。全球化是一个整体性的社会历史变迁过程，其基本特征是，在经济一体化的基础上，世界范围内产生一种内在的、不可分离的和日益加强的相互联系。全球化过程本质上是一个内在地充满矛盾的过程，它是一个矛盾的统一体：它包含一体化的趋势，同时又含有分裂化的倾向；既有单一化，又有多样化；既是集中化，又是分散化；既是国际化，又是本土化。全球化首先表现为经济的一体化，但经济生活的全球化必然对包括政治生活和文化生活在内的全部社会生活产生深刻的影响。全球化时代是世界历史发展中一个全新的时代。全球化正在并且必将逐渐改变“西化”“美国化”“中国化”等语境，为各种文明的相互学习和相互影响提供一种新的语境。全球化将现代文明提升为全球性的抽象，而不管这种文明源于东方还是西方。所以，学习现代的西方文明并不等于“西方化”，反之，学习现代的东方文明也不等于“东方化”，正如中国引入市场经济体制和加入 WTO 并不表明中国社会的“西方化”或“美国化”一样。全球化与本土化或民族化是相辅相成的，中国要在现代化进程中保持自己的民族文明，必须积极参与全球化；进而言之，中国要真正有效地参与全球化进程，就必须充分发扬自己的独特优势。总之，正像历史已经证明，现代化不是西方化和美国化一样，全球化也绝不等同于西方化或美国化，任何设想中国参与全球化就会被“美国化”或“西方化”的企图和担忧，最终都将被证明是短视的。

纵观“中化”与“西化”的百年之争，我们可以得出以下三个结论：首先，从洋务运动开始，贯穿于整个中国现代化进程的“中化”与“西化”、“传统”与“现代”、“中体”与“西用”等文化话语，在知识界的影响力正在日益淡化，开始让位于其他重要话语，如“全球化”与“本土化”、“全球性”与“民族性”、“国家认同”与“民族认同”等。其次，从五四运动开始的中国文化的转型过程，在一个世纪后已经接近完成，一种全新的中国主流文化正在形成之中。这种新型的主流文化，既不是传统文化的翻版，也不是西方文化的移植。它深深植根于中国传统之中，同时充分地吸收了其他文明的成果。它体现了传统性与现代性、民族性与全球性的统一，在最大程度上包容了中国文化转型过程中相互对立的两种极端观点。最后，中国文化正在走向世界，正像世界文化正在走进中国文化一样。中国文化正在成为世界主流文化的重要组成部分，而自由、平等、尊严等价值则正在被有机地整合进中国文化之中。

前言：中国国家治理的现代化建构逻辑与历程

近代以来，中国国家治理体系的现代化建构，遵循着实践探索和理论引领“双重逻辑”的共同作用。上述两个维度，恰如人类基因的双螺旋结构，贯穿于中华民族鸦片战争以来不断追求文明进步的全过程。

首先，在实践探索方面，近代中国的衰败，致使中华民族一度到了最危险的境地。自19世纪40年代后，国门被迫洞开，列强纷至沓来，鸦片战争、中法战争、甲午战争、八国联军侵华战争、抗日战争……一次次烽火硝烟，国家蒙难，黎民困苦。然而，伴随外辱内乱、动荡不安，更多的是中华儿女前仆后继、奋起抗争，挽救民族危亡于万一。从太平天国运动、洋务运动、戊戌变法、义和团运动，直到辛亥革命……“为了民族复兴，无数仁人志士不屈不挠、前仆后继，进行了可歌可泣的斗争，进行了各式各样的尝试，但终究未能改变旧中国的社会性质和中国人民的悲惨命运。”① 可以发现，国内各阶级、各阶层几乎实践和探索了人类社会治理的各种制度方案，无论是封建王朝的自强改革，

① 习近平：《决胜全面建成小康社会　夺取新时代中国特色社会主义伟大胜利——在中国共产党第十九次全国代表大会上的报告》，人民出版社2017年版，第13页。

还是旧式农民战争或民间自发的集体行动，以及资产阶级领导的民主革命，在当时的中国都走不通。直到俄国十月革命的胜利，让中华民族的优秀分子看到了解决中国问题的新出路。1919 年"五四运动"的爆发，使中国工人阶级登上了历史舞台，开启了新民主主义革命的进程。在中国共产党的领导下，历时数十载，终于彻底完成了反帝反封建的历史任务，并且缔造了社会主义的新中国。就此而论，中国近代以来的现代化进程和道路选择，是在一系列制度方案中进行"试错"，并且接受历史实践检验的结果。

同时，在理论引领方面，与实践探索相伴随，从最初打破天朝上国迷梦、开眼看世界的以清末洋务派为代表的地主阶级提出的"师夷长技以制夷""中学为体、西学为用""自强、求富"等主张，到资产阶级维新派提出效仿君主立宪国家制度进行变法，改良图强，以及资产阶级革命派提出"三民主义"，主张以武力推翻封建帝制，建立民主共和国，还有先进知识分子高举"民主、科学"旗帜开展新文化运动，倡导"反孔教、反文言、抵制儒家学派"的思想文化领域的革新和文学革命……这些思想和理论，在实践层面发挥了十分重要的指导作用，冲击了迂腐落后的封建的传统观念，起到了思想启蒙和解放的作用，使民主共和等理念深入人心，客观上也推动了国家政治制度、经济和工业、民族文化等多方面的发展，有利于推动中国的现代化进程。更为重要的是，上述一系列思想主张为马克思主义传入中国，以及进一步的广泛传播，奠定了至关重要的社会文化和思想观念基础。在中国共产党领导的中国革命、建设、改革进程中，马列主义和马克思主义中国化的理论成果，成为指引中国国家治理体系现代化建构的最有力的思想武器和行动指南。尤其是马克思主义中国化两次历史性飞跃的理论成果：毛泽东思想和中国特色社会主义理论体系（包括邓小平理论、"三个代表"重要思想、科学发展观、习近平新时代中国特色社会主义思想），切实回应和解答了中国各个发展阶段的重大时代命题，指引了中国的现代化进程。

其中，毛泽东思想引领中国人民结束了半殖民地半封建的社会状态，完成了社会主义革命，实现了近代以来梦寐以求的历史夙愿：中华民族“站起来”了。邓小平理论回答了“什么是社会主义，如何建设社会主义”①，开启了改革开放和中国特色社会主义现代化建设的新阶段，实现了具有深远意义的发展转折，有力推动了中华民族迈向“富起来”的新征程。以江泽民同志为主要代表的中国共产党人，形成了“三个代表”重要思想，回答了在新的历史条件下“建设什么样的党、怎样建设党”，加强和改进了党的建设，把中国特色社会主义成功推向了21世纪。② 进入新世纪，以胡锦涛同志为主要代表的中国共产党人，深刻认识和回答了新形势下“实现什么样的发展、怎样发展等重大问题”，形成了以人为本、全面协调可持续发展的科学发展观③，对坚持和发展中国特色社会主义的认识提高到了新水平，实现了中国共产党在指导思想上的又一次与时俱进。④ 中共十八大以来，以习近平同志为主要代表的中国共产党人，“系统回答了新时代坚持和发展什么样的中国特色社会主义、怎样坚持和发展中国特色社会主义”，创立了习近平新时代中国特色社会主义思想，推动中华

① 邓小平：《政治上发展民主，经济上实行改革》，《邓小平文选》（第三卷），人民出版社1993年版，第116页。

② 江泽民：《论“三个代表”》，中央文献出版社2001年版，第2页。

③ 胡锦涛：《坚定不移沿着中国特色社会主义道路前进　为全面建成小康社会而奋斗——在中国共产党第十八次全国代表大会上的报告》，《人民日报》2012年11月18日。

④ 习近平：《在学习〈胡锦涛文选〉报告会上的讲话》，《人民日报》2016年9月30日。

民族迎来了从站起来、富起来到强起来的伟大飞跃，正在指引着全党全国人民为实现中华民族伟大复兴的中国梦而继续努力奋斗（参见表1）。

表1　中国共产党历次全国代表大会及其指导思想的与时俱进

指导思想	会议	召开时间	主要内容
毛泽东思想	中共一大	1921. 7. 23	产生党的第一个纲领、第一个决议，选举中央领导机构。
	中共二大	1922. 7. 16	通过《中国共产党章程》（简称党章），制定党的最高纲领和最低纲领。
	中共三大	1923. 6. 12	修改党章，决定与国民党合作，建立革命统一战线。
	中共四大	1925. 1. 11	修改党章，明确民主革命中的领导权和工农联盟问题。
	中共五大	1927. 4. 27	修改党章，批评了右倾机会主义错误。
	中共六大	1928. 6. 18	修改党章，明确中国社会性质、革命性质、革命形势和党的任务。
	中共七大	1945. 4. 23	新民主主义革命时期最后一次党的代表大会，确立毛泽东思想为党的指导思想并写入党章等。
	中共八大至中共十大	1956—1973	对社会主义改造和社会主义建设进行经验和理论总结等。
中国特色社会主义理论体系	中共十一大	1977. 8. 12	修改党章，宣告“文化大革命”已经结束，重申建设社会主义现代化国家的任务。
	中共十二大	1982. 9. 1	修改党章，邓小平在开幕词中提出了“走自己的道路，建设有中国特色的社会主义”的重要思想。
	中共十三大	1987. 10. 25	时任中共中央代理总书记作题为《沿着有中国特色的社会主义道路前进》的报告，提出了社会主义初级阶段理论，制定党在社会主义初级阶段的基本路线、“三步走”发展战略。

续表

指导思想	重要会议	召开时间	主要内容
中国特色社会主义理论体系	中共十四大	1992. 10. 12	江泽民作题为《加快改革开放和现代化建设步伐，夺取有中国特色社会主义事业的更大胜利》的报告，确立邓小平建设有中国特色社会主义理论在全党的指导地位，概括了建设有中国特色社会主义理论的主要内容，明确建立社会主义市场经济体制的改革目标，集中精力把经济建设搞上去。
	中共十五大	1997. 9. 12	江泽民作题为《高举邓小平理论伟大旗帜，把建设有中国特色社会主义事业全面推向二十一世纪》的报告，邓小平理论确立为党的指导思想。
	中共十六大	2002. 11. 8	江泽民作题为《全面建设小康社会，开创中国特色社会主义事业新局面》的报告，“三个代表”重要思想写入党章并成为党的指导思想。
	中共十七大	2007. 10. 15	胡锦涛作题为《高举中国特色社会主义伟大旗帜　为夺取全面建设小康社会新胜利而奋斗》的报告，科学发展观写入党章。
	中共十八大	2012. 11. 8	胡锦涛作题为《坚定不移沿着中国特色社会主义道路前进　为全面建成小康社会而奋斗》的报告，科学发展观列入党的指导思想。
	中共十九大	2017. 10. 18	习近平作题为《决胜全面建成小康社会　夺取新时代中国特色社会主义伟大胜利》的报告，习近平新时代中国特色社会主义思想写入党章并作为党的指导思想。

注：根据中国共产党历次全国代表大会数据库资料整理。

中国所开启的、正在持续推进的国家治理现代化，是一个反复实践、经验总结、制度设计的长期过程。进入新时代，中国特色国家治理现代化制度的建构与完善，经历了从管理向治理逐步转型的多个阶段。中共十八大以来提出的一系列新理念新思想新战略，以及所做出的一系列工作部署和任务安排，标志着中国特色国家治理现代化制度体系基本成熟和定型，未来要进一步坚持和完善。

中国特色国家治理的现代化，具有显著的独特意涵和特征，其核心是坚持和完善中国特色社会主义制度，不断推动国家在政治、经济、社会、文化、生态等方面全方位提升和发展，并且维护国家的和谐稳定与安全。

综上所述，中国共产党建党一百年来，不断开辟中国革命、建设和改革的崭新阶段，带领中国人民迎来了实现中华民族伟大复兴的光明前景。中华人民共和国成立 70 余年来，探索出中国特色社会主义制度体系和道路选择，为人类社会（尤其是发展中国家）治理的现代化进程贡献了中国智慧和中国方案，解决了如何从一个相对贫困落后的发展中国家转变为拥有系统完备的治理制度的现代化国家的难题。

实现良善治理是人类社会发展的重大命题，对国家治理现代化的理解深化、经验总结、探索提升永无止境，其具体实践也必然是开放的。正是从这个意义上，中国特色国家治理的现代化观念、理论，以及一系列制度设计，构成了与欧美日等发达国家不同的体系类型，其生命力和优越性仍将在中华民族伟大复兴和建设社会主义现代化强国的未来征程中进一步得以释放和彰显。

目　录

一

走向何方：中国特色社会主义国家治理的历史方位

20世纪80年代末90年代初，国际社会主义阵营发生了东欧剧变和苏联解体，美国和苏联两个超级大国冷战的“两极”格局也宣告结束。由此，以弗朗西斯·福山为代表的学者提出了诸如“历史的终结”等论说，对马克思、恩格斯等人所描绘的社会主义宏大叙事构成了重大挑战。然而，在历经40余年改革开放的探索实践之后，中国作为社会主义国家的代表，创造了世所罕见的经济快速发展和社会长期稳定的“两大奇迹”，实现了科学社会主义现代化进程的新境界和新高度，以事实作出了强有力的回应：历史并未终结。

关于中国走向何方，2012年中国共产党第十八次全国代表大会明确指出，坚定不移高举中国特色社会主义伟大旗帜，既不走封闭僵化的老路，也不走改旗易帜的邪路。中国特色社会主义道路，就是在中国共产党领导下，立足基本国情，以经济建设为中心，坚持四项基本原则，坚持改革开放，解放和发展社会生产力，建设社会主义市场经济、社会主义民主政治、社会主义先进文化、社会主义和谐社会、社会主义生态文明，促进人的全面发展，逐步实现全体人民共同富裕，建设富强民主文明和谐的社会主义现代化国家。① 2017年中国共产党第十九次全国代表大会进一步阐明：“中国特色社会主义是改革开放以来党的全部理论和实践的主题，是党和人民历尽千辛万苦、付出巨大代价取得的根本成就。中国特色社会主义道路是实现社会主义现代化、创造人

① 胡锦涛：《坚定不移沿着中国特色社会主义道路前进　为全面建成小康社会而奋斗——在中国共产党第十八次全国代表大会上的报告》，《人民日报》2012年11月18日。

民美好生活的必由之路。”[①]

与此同时，改革开放是当代中国最鲜明的特色，也是决定当代中国命运的关键抉择。中共十八大后，习近平总书记选在改革开放的前沿——广东省进行首次地方调研，这次调研中明确回答了改革开放往哪里走的问题。“在方向问题上，我们必须头脑清醒……不实行改革开放是死路一条，否定社会主义方向的‘改革开放’也是死路一条”[②]。完善和发展中国特色社会主义制度、推进国家治理体系和治理能力现代化是全面深化改革的总目标，要勇于推进理论、实践、制度等各方面创新，让制度更加成熟定型，让发展更有质量，让治理更有水平，让人民更有获得感。[③]

2017 年中共十九大作出了关于国家发展历史方位的新判断：经过长期努力，中国特色社会主义进入了新时代，并且提出了新时代中国特色社会主义思想和基本方略。[④] 2019 年中共十九届四中全会通过的《中共中央关于坚持和完善中国特色社会主义制度、推进国家治理体系和治理能力现代化若干重大问题的决定》进一步系统和鲜明地提出了坚持和完善中国特色社会主义制度的全面方案，也更为清晰地指明了推进国家治理体系和治理能力现代化的路径和方向。其中，卓越的社会治理绩效，是当代中国制

---

① 习近平：《决胜全面建成小康社会　夺取新时代中国特色社会主义伟大胜利——在中国共产党第十九次全国代表大会上的报告》，人民出版社 2017 年版，第 16 页。

② 《习近平的改革之“道”》，新华网 2018 年 12 月 7 日。

③ 习近平：《在庆祝中国共产党成立 95 周年大会上的讲话》，《人民日报》2016 年 7 月 2 日。

④ 习近平：《决胜全面建成小康社会　夺取新时代中国特色社会主义伟大胜利——在中国共产党第十九次全国代表大会上的报告》，人民出版社 2017 年版，第 10 页、第 18—26 页。

度的一个重要优势，为中国经济发展贡献了至关重要的“稳定红利”。除了经济领域的发展成就，世界上也少有国家能够如此长久地保持社会稳定局面，因此“经济快速发展”与“社会长期稳定”共同成为中国过去70余年创造的“两大奇迹”，有力地回应了“历史终结论”。

（一）探索与发展：治理现代化的思维演进和更新

人类社会的现代化进程任重道远，必然伴随着不同国家在实践中因地制宜，探索差异化的发展路径、制度模式的长期过程。一个国家选择什么样的治理体系，是由这个国家的历史传承、文化传统、经济社会发展水平决定的，是由这个国家的人民决定的。[①] 就此而论，中国的国家治理体系，自然也是历史传承、文化传统、经济社会发展等方面长期改进和内生性演化的结果。

改革开放以来中国在国家治理方面所取得的各项成就，与中国共产党执政智慧的提升、治理现代化水平的推进，是密切相联系的。这种进步，除了体现在中国特色社会主义的建设实践方面，也深刻地反映在中共中央重要的政治文件中。文件在中国共产党领导的革命、建设、改革进程中具有突出的地位和作用。在一定程度上，政治文件的形成是党和国家决策的重要环节之一，也是凝聚党内共识、统一工作方向、落实任务部署、指导治理实践的一项长期制度传统。甚至中国的“文件政治”可以被视为一

---

① 《完善和发展中国特色社会主义制度　推进国家治理体系和治理能力现代化》，《人民日报》2014年2月18日。

种独特的政体形式[①]。学界的一些研究表明，中国"文件政治"的某些经验现象是有章可循的，例如：政治宣传方面的写作组制度[②]，文件的体制化、人格化特点和承载的政治功能等[③]。尤其是改革开放后，中共中央重要文件的形成更为规范化、制度化（参见表2）。事实上，正是基于中国"文件政治"所表现出的规律性，从政治决策的最终成果形式——文件出发，阐释中国共产党的执政思想和治理现代化进程，才变得具有现实意义和理论意义。

表2 党的全国代表大会报告诞生基本情况（十五大至十九大）

报告	时间起止	起草小组负责人	中央政治局审议		征求意见范围
			常委会	全体会议	
十五大报告	1996年10月至1997年9月		4次	2次	约4000人
十六大报告	2001年10月至2002年11月	组长：胡锦涛	4次	2次	约3100人
十七大报告	2006年12月至2007年10月	组长：胡锦涛 副组长：刘云山、曾培炎	6次	2次	约5560人

① Guoguang Wu. Documentary politics: hypotheses, process, and case studies. *The decision process in Deng's China*, edited by Carol L. Hamrin and Suisheng Zhao, M. E. Sharpe Inc., 1995, pp. 24 – 38.

② H. T. Wen & H. K. Peng. Secret codes of political propaganda: The unknown system of writing teams, *The China Quarterly*, Volume 214, 2013, pp. 394 – 410.

③ 施从美：《当代中国文件制度的结构与功能解析》，《江海学刊》2010年第1期。

续表

报告	时间起止	起草小组负责人	中央政治局审议		征求意见范围
			常委会	全体会议	
十八大报告	2012年1月至2012年11月	组长：习近平 副组长：李克强、刘云山	4次	2次	约4511人
十九大报告	2017年1月至2017年10月	组长：习近平 副组长：刘云山、王岐山、张高丽	2次	1次	4700余人

资料来源：李尚志、何平、张宿堂：《迈向新世纪的宣言和纲领——党的十五大报告诞生记》，《人民日报》1997年9月26日。夏林、张宿堂、孙承斌：《马克思主义的纲领性文献——党的十六大报告诞生记》，《人民日报》2002年11月21日。夏林、孙承斌、邹声文：《发展中国特色社会主义的政治宣言和行动纲领——党的十七大报告诞生记》，《人民日报》2007年10月28日。徐京跃、吴晶、赵超：《夺取中国特色社会主义新胜利的政治宣言和行动纲领——党的十八大报告诞生记》，《人民日报》2012年11月21日。吴晶、胡浩、施雨岑：《面向新时代的政治宣言和行动纲领——党的十九大报告诞生记》，《人民日报》2017年10月28日。

以党的十五次至十九次全国代表大会报告为例，每次大会报告的起草均是在中共中央政治局及其常委会的直接领导下完成的。文件起草组由中共中央领导同志担任组长，汇集来自中央、地方等不同单位和部门的至少数十名成员组成起草组，并且分成多个小组，进行专项课题的深入调查和研究。在历时超过10个月的准备过程中，围绕每届大会报告的主题，起草组开展的调研活动遍及全国，各级各类的座谈会数以百计，在充分讨论和调研的基础上形成报告草稿，并向中共中央进行多次汇报。中共中央政治局一般至少要召开2次常委会和1次全体会议对报告草稿进行审议。经过反复论证和修订形成征求意见稿，下发给全国上百个单位，涉及各省、自治区、直辖市党委，中央各部委，国家机关各部委党组（党委），军队系统，以及各人民团体党组，各民主党派中央、全国工商联及无党派人士和部分党内老同志等，数千人参加讨论。此外，中共全国党代会报告还须经过中央全会讨论和修订，最终由全国代表大会通过。[①]

根据习近平总书记所做的《关于〈中共中央关于全面深化改革若干重大问题的决定〉的说明》[②]（以下简称《说明》），可以发现，中共中央十八届三中全会决定文件的形成过程，与第十五次至第十八次中共全国党代会报告的起草过程是相类似的，均经过了充分调研论证，综合各方意见，并进行反复修改的长期过程，表现出明显的民主集中原则下的政治决策特征（参见表3）。就此而论，涉及中国政治重要议题并为政府行政确立基本路线或方针的中共中央重要政治文件[③]，至少在过去十余年来，其形成过程已经具备了相对稳定的规律性，主要表现在决策民主性的增强。文件形成的过程，也是进行广泛社会调研，听取各界声音和意见，整合利益诉求，协调各团体和社会公众达成共识的过程。从这个意义上讲，形成文件的重大决策，也代表了当时特定历史条件下中国执政党集体智慧的最高水平。

---

① 《未来十年，政府改革是关键——专访张卓元》，《中国改革》2012年第11期。

② 习近平：《关于〈中共中央关于全面深化改革若干重大问题的决定〉的说明》，《人民日报》2013年11月16日。

③ 景跃进：《中国的“文件政治”》，载北京大学国家发展研究院编：《公意的边界》，上海人民出版社2013年版。

表 3 《中共中央关于全面深化改革若干重大问题的决定》的形成过程

阶段划分	议题酝酿阶段（2012 年 11 月—2013 年 4 月）	议题确定阶段（2013 年 4 月）	文件拟定阶段（2013 年 4—11 月）
主要节点	1. 中共十八大明确目标：全面建成小康社会和全面深化改革开放； 2. 全会议题确定：中共中央政治局深入思考、研究，广泛听取党内外各方面的意见。	1. 发布《关于对党的十八届三中全会研究全面深化改革问题征求意见的通知》； 2. 调研与征求意见； 3. 确定议题。	1. 成立文件起草组：广泛征求意见，开展专题论证，进行调查研究，反复讨论修改； 2. 审议：中共中央政治局常委会会议 3 次，政治局会议 2 次； 3. 征求意见稿下发； 4. 整理研究反馈意见和建议，进行重要修改，提交全会审议。

资料来源：根据《说明》整理。

由此，不难推论，中共中央政治文件中关键概念和理念的使用，不是偶然的、随意的，而是经过深入、慎重思考的结果，具有十分深刻、丰富的涵义。相应地，重要文件中概念和提法的变化，自然也透射出中国共产党在思想认识、形势判断和政策导向等方面的重要信息，形成可供前后对照的变迁脉络，从而具备了某种评断和确认的功能。研究政治文件也构成了一种解读中国现代化治理演进过程和内在逻辑的有效途径和方法。

1. 国家治理现代化的提出

“治理”（governance）一词，是 1989 年由世界银行在形容非洲的治理危机（crisis in governance）时首次提出的。[①]随着“治理”概念在国家政治和社会生活中的渗透性发展，其意义也随着时代的变化而被赋予了新的内涵。

回顾现有研究文献，治理既可以被认为是一种“由共同目标支持的活动”，也可以被看作是一种“权力的实施方式”。换言之，作为一个实施权力的过程，治理通过持续的互动与协调来达到维持国家秩序、制度安排和满足公民需要的目标。它广泛地存在于社会、政治、经济、文化等多种维度之中。[②]中共十八届三中全会提出的“国家治理”是一个具有丰富意涵和包容性的概念。这一提法，既结合吸纳了中国传统的治国思想和国际社会关于治理的现代学理讨论，同时又具有中国特色的、深刻的理论和实践意涵。

中共十八届三中全会审议通过的《关于全面深化改革若干重大问题的决定》（本章简称《决定》），把“推进国家治理体系和治理能力现代化”列入全面深化改革的总目标。这是长期以来一向作为学术概念的“治理”第一次上升到国家战略层次和法理高度，是中国改革理论和改革战略的一次重大突破。具体而言，“治理”在《决定》中一共出现了24次，根据其在文本中的具体语境，可以发现“治理”概念主要应用于政治、经济、社会与文

① 张小劲、于晓虹编著：《推进国家治理体系和治理能力现代化六讲》，人民出版社2014年版，第29页。

② 关于治理的更多定义，可以参见：罗西瑙：《没有政府统治的治理》，剑桥大学出版社1995年版；周红云：《国际治理评估体系述评》，载《国家治理评估——中国与世界》，中央编译出版社2009年版；全球治理委员会：《我们的全球伙伴关系》，牛津大学出版社1995年版；格里斯托克：《作为理论的治理：五个论点》，《国际社会科学》（中文版）1999年第2期；俞可平：《治理与善治》，社会科学文献出版社2000年版。

化、生态环境等四个领域（参见表4）。

表4　“治理”在中共十八届三中全会《决定》中的使用情况

使用领域	具体提法	频次
政治	国家治理体系和治理能力、政府治理	5 次
经济	国际经济治理结构、法人治理结构、城乡社区治理、学校内部治理结构	6 次
社会与文化	社会治理、法人治理、系统治理、依法治理、综合治理、源头治理、隐患排查治理	11 次
生态	环境治理、（环境污染）第三方治理	2 次
合计		24 次

资料来源：根据《决定》文本整理。

同时，《决定》系统回应了当前中国在政治、经济、社会与文化和生态等各个领域面临的国家治理问题，详细列出了改革事项并进行了相关部署，因此也是一次对治理理论的全面诠释和建构。一方面，国家治理体系和治理能力现代化的提出，反映了中共在全球化时代对古今中外政治智慧的吸纳和融合，具有一定的普遍价值，因为它回应的不仅是中国面对的现实问题，而且对其他国家处理现代化进程中遇到的治理问题也具有借鉴意义。就此而论，中国共产党的治国理政的实践经验、中国传统治理思想中的精髓和世界上其他国家的先进经验，三方面共同构成了国家治理现代化思想的经验基础。另一方面，围绕处理“国家—社会”和“政府—市场”两对核心关系，结合中国的国情，《决定》构建了一套具有中国特色的、继续推进改革开放的治理框架。

通过归纳和分类可以发现，《决定》从国家制度建设、政府改革、社会建设和现代市场建设四个方面对处理国家与社会、政府与市场的关系进行了系统的论述（参见图1）。从《决定》中部署的改革重点看，在国家制度建设层面，突出社会主义民主法治建设，推进协商民主，促进决策的科学化和民主化，并把司法改革列为全面深化改革的重点之一；在社会建设层面，促进教育和文化事业发展，维护社会稳定，重视生态文明；在政府改革层面，转变政府职能，理顺中央与地方财税关系，加大反腐力度；在现代市场建设层面，强调市场在资源配置中起决定性作用，深化国企改革，完善城乡要素市场。上述这些被列出的改革事项和重点，实际上已经构成了一套有关治理理论的、比较完整的体系框架，并将在未来有力地指导和推动中国的治理现代化进程。

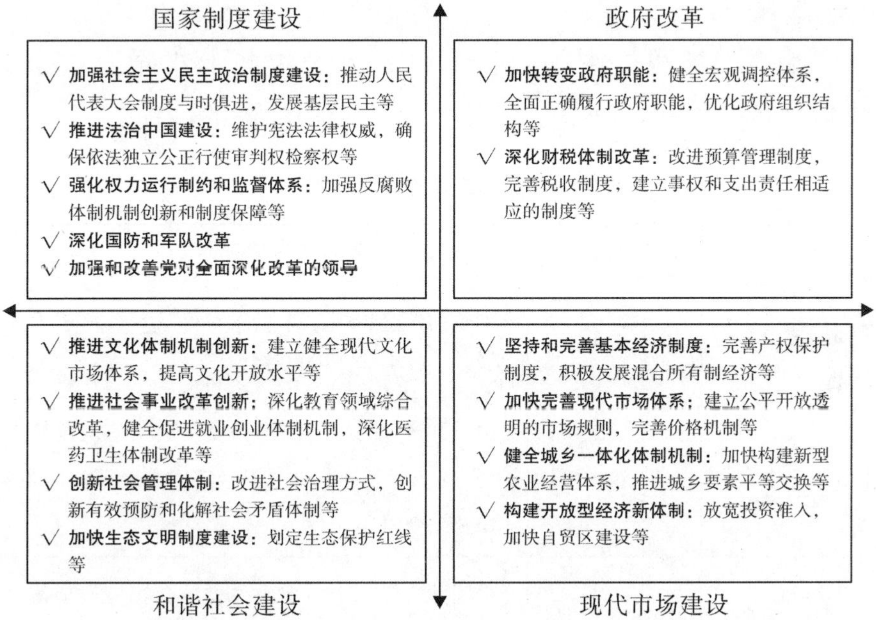

图 1　推进国家治理体系和治理能力现代化的改革重点

国家治理现代化的提出，是与中国共产党长期以来治国理政的思维变迁相一致的，也是与中国政治过去的发展脉络相延续的。举例来说，自 1978 年中共十一届三中全会以来，历届三中全会都“积极推动了改革开放的进程和现代化国家建设事业的发展。三中全会的特殊性质及其产生的重大影响，已经在相当程度上成为中国共产党执政活动的重大规则，而且成为中国政治发展和社会进步所特有的递升阶梯”①。就此而论，中共三中全会的公报和决定，既是党中央领导集体战略决策和共识的体现，也是凝聚着集体智慧的施政方针。因此，长期以来，中共三中全会通过的重要文件一直被视为此后若干年内党和国家确立各项改革工作重点、颁布重大举措的主要依据之一，都对国家的全面发展产生了深远的影响。

2. 改革开放后中共历届三中全会决定文件治理思维的比较

“治理”被写入中国政治文件，成为中共十八届三中全会《决定》的一个核心概念，经历了一个长期演进的过程。

表5 改革开放后中共历届三中全会重要文件（1978—2013）

会议	时间	审议通过的重要文件
十一届三中全会	1978 年 12 月	《中国共产党第十一届中央委员会第三次全体会议公报》（4 章，7000 余字）
十二届三中全会	1984 年 10 月	《中国共产党第十二届中央委员会第三次全体会议公报》《中共中央关于经济体制改革的决定》（10 章，约 1.6 万字）
十三届三中全会	1988 年 9 月	《中国共产党第十三届中央委员会第三次全体会议公报》（约 1500 字）

① 张小劲、李岩：《从语义图解到模式理解：〈关于全面深化改革若干重大问题的决定〉中关于治理问题的论述》，《当代世界与社会主义》2014 年第 1 期。

续表

会议	时间	审议通过的重要文件
十四届三中全会	1993 年 11 月	《中国共产党第十四届中央委员会第三次全体会议公报》《中共中央关于建立社会主义市场经济体制若干问题的决定》(10 章，约 1.6 万字)
十五届三中全会	1998 年 10 月	《中国共产党第十五届中央委员会第三次全体会议公报》《关于农业和农村工作若干重大问题的决定》(10 章，约 1.3 万字)
十六届三中全会	2003 年 10 月	《中国共产党第十六届中央委员会第三次全体会议公报》《关于完善社会主义市场经济体制若干问题的决定》(12 章，约 1.2 万字)
十七届三中全会	2008 年 10 月	《中国共产党第十七届中央委员会第三次全体会议公报》《关于推进农村改革发展若干重大问题的决定》(6 章，约 1.5 万字)
十八届三中全会	2013 年 11 月	《中国共产党第十八届中央委员会第三次全体会议公报》《关于全面深化改革若干重大问题的决定》(15 章，约 2.1 万字)

回顾改革开放后的历届三中全会（不包括十九届三中全会）所形成的决定（参见表 5 和表 6），“治理”一词最早出现于中共十三届三中全会关于经济环境、党风廉政建设的表述中。此后至十七届三中全会，“治理”概念又主要被运用于社会治安、生态环境、公司法人结构等领域，提法的重要性也有所增强。考虑到历届三中全会召开前后的时代背景，包括 20 世纪 80 年代末 90 年代初中国的社会和经济状况，1998 年的特大洪涝灾害，世纪之交

的大规模国企改革和工业化带来的环境污染问题等，不难发现，“治理”在党的政治文件中的使用一直是与国家发展面临的现实状况和需要相联系的。中共十八届三中全会把“治理”进一步扩展到国家和政府层面，既符合这一逻辑，也顺应了中国改革开放进入新的历史阶段的客观要求。

通过比较可以发现，中共十二届三中全会的决定，突出反映了中共工作重心从阶级斗争向经济建设的转移，同时，改革面临的困难也是显而易见的。一方面，经济体制改革仅有几年的实践积累，经验还十分欠缺，许多做法仍处于摸索阶段。另一方面，尽管中共十一届三中全会后拨乱反正和调整国民经济初见成效，但是改革仍面临着意识形态方面的束缚，亟待进一步的思想解放。中共十四届三中全会的决定，已明确提出了建立社会主义市场经济体制，使市场在资源配置中起基础性作用；在分配制度上指明打破平均主义，合理拉开差距。中共十六届三中全会的决定，在社会主义市场经济体制已经初步建立的前提下，主要任务是加以巩固和完善，治理思维已经比较系统。中共十七届三中全会的决定，在治理思维上超过了此前历届决定，更加系统、综合和深入。这些变化反映出中国共产党由革命党到执政党的治理思维的转变。中共十八届三中全会提出“完善和发展中国特色社会主义制度，推进国家治理体系和治理能力现代化”，标志着中国共产党从新中国成立初期一个革命意味浓重的政党，全面转型为一个治理经验丰富的执政党。从“以阶级斗争为纲”到“以经济建设为中心”，突出反映了中国共产党在国家治理现代化指导思想上的一次重大转变，而从“以经济建设为中心”到“以国家治理为目标”，则更进一步彰显了中国共产党在执政能力上的明显提升。

表6 “治理”在中共历届三中全会文件中使用情况比较（1978—2013）

		十三届三中全会（1988 年）	十四届三中全会（1993 年）	十五届三中全会（1998 年）	十六届三中全会（2003 年）	十七届三中全会（2008 年）	十八届三中全会（2013 年）
使用频次	公报	11	1	2	1	0	9
	决定	—	1	9	3	9	24
使用领域		经济、党建	社会	社会、生态	经济、党建	经济、社会、生态	经济、政治、社会、文化、生态
典型用法		治理经济环境、治理通货膨胀、治理环境、综合治理	（社会治安）综合治理	（水利、环境、社会治安）综合治理	法人治理、综合治理	法人治理、环境治理、综合治理	国家治理、政府治理、国际经济治理、法人治理、城乡社区治理、社会治理、环境治理

注：中共十一届三中全会、十二届三中全会审议通过的文件中未包含“治理”提法，故未列入。

改革开放以来，中国共产党历届三中全会的决定，都保持一贯的改革传统，不断把中国特色社会主义事业推向新的高度，对中国的现代化进程产生了重大而深远的影响。在一定程度上，这种制度惯例本身甚至已超出了简单的历史传统的范畴，而对此后的政治实践具有了更多潜移默化的垂范性和规则性的指引和影响。同时，亦可以看出，中国共产党所领导的国家治理现代化，在理念和思维方面发生了很明显的变化，主要体现在：一是与时俱进的回应性；二是从提出指导思想到发布施政文件的有效性；

三是执政方略的系统化与综合性的完善。同时，从另一个侧面，这种变化也恰恰反映出一个学习型的执政党在国家治理过程中与时俱进、不断快速学习的卓越能力。

中国共产党国家治理现代化思想的完善，并不是妙手偶得，而是在全球化背景下，面对国内外复杂形势，从政治实践中摸索和总结出来的。正因如此，在中共历届三中全会决定中所表现出的治理思维，具有明显的回应性特征。难能可贵的是，这种回应性是持续的、积极的，并得以不断积累和提炼，从而使国家治理现代化的执政方略日益系统化和综合化。回顾改革开放40多年来的政治文件，今天中国治理现代化思想和实践的完备和丰富程度，已与当年不可同日而语。从这个意义上讲，改革开放以来中国所取得的进步是十分明显和难得的，并且形成了一个具有中国特色的“政党—国家”现代化治理体系（参见图2）。

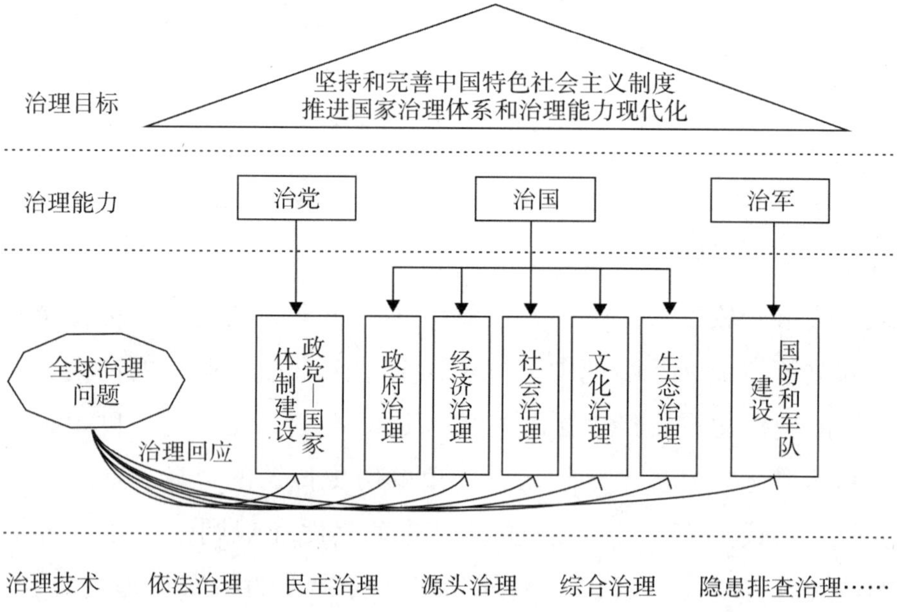

图2 具有中国特色的国家治理现代化体系（示意图）

（二）目标与推进：建成社会主义现代化强国的战略安排

近代以来，建设一个富强、民主、文明、和谐、美丽的现代化强国，就一直是全体中国人民的梦想。中华民族追求这个梦想的道路艰难曲折，亿万人魂牵梦萦，几代人上下求索。在近代中国落后的生产力基础上实现社会主义现代化是一项十分艰巨的事业，必然要有步骤、分阶段地推进，才能加以实现。在实践中，中国共产党也不断根据时代形势研判、调整着具体的进步路径和奋斗目标。

1. 新中国社会主义现代化构想的演进

早在1949年新中国成立前，中共七届二中全会就提出了把中国由农业国转变为工业国，实现国家现代化的构想。中华人民共和国成立后，1954年9月23日，周恩来总理在第一届全国人民代表大会第一次会议上所作的政府工作报告中提出，要建设起强大的现代化的工业、现代化的农业、现代化的交通运输业和现代化的国防，这是摆脱落后和贫困的必备条件。这是新中国领导人第一次提出“四个现代化”的概念。[①] 经过国民经济恢复和社会主义改造，1956年9月，中共八大指出：“我们国内的主要矛盾，已经是人民对于建立先进的工业国的要求同落后的农业国的现实之间的矛盾，已经是人民对于经济文化迅速发展的需要同当

---

① 《四个现代化宏伟目标的提出》，中国政府网2009年9月16日。

前经济文化不能满足人民需要的状况之间的矛盾。”① 在这一时期，中国共产党提出了走中国工业化道路的思想，主要内容是以农业为基础、工业为主导，以农轻重为序发展国民经济的总方针，以及一套“两条腿走路”的工业化发展思路，即重工业和轻工业同时并举，中央工业和地方工业同时并举，沿海工业和内地工业同时并举，大型企业和中小型企业同时并举，等等。

此后，周恩来总理 1964 年 12 月在第三届全国人民代表大会第一次会议上所作的政府工作报告中明确提出，在不太长的历史时期内把中国建设成为一个具有现代农业、现代工业、现代国防和现代科学技术的社会主义强国，以及实现上述“四个现代化”目标的“两步走”设想，计划用 100 年时间赶上和超过世界上最先进的资本主义国家。具体而言，实现社会主义现代化强国“两步走”战略的安排，第一步是用 15 年时间，建立一个独立的、比较完整的工业体系和国民经济体系，使中国工业大体接近世界先进水平；第二步是力争在二十世纪末，使中国工业走在世界前列，全面实现农业、工业、国防和科学技术的现代化。时隔 10 年后，在 1975 年 1 月第四届全国人大第一次会议上，周恩来总理再次向大会作政府工作报告，重申“在本世纪内，全面实现农业、工业、国防和科学技术的现代化，使我国国民经济走在世界的前列。”这次会议通过了关于政府工作报告的决议，重提实现四个现代化的宏伟目标，深刻表明、唤起和鼓舞了全国人民建设现代化国家的决心和信心。1978 年中共十一届三中全会决定把党和国家的工作重点转移到社会主义现代化建设上来。

改革开放初期，邓小平首次提出了中国式的现代化，并且与

---

① 《中国共产党第八次全国代表大会关于政治报告的决议》，《建国以来重要文献选编》（第九册），中央文献出版社 1994 年版，第 341 页。

《礼记》中理想社会的“小康”状态联系起来。1979 年 12 月 6 日，邓小平在与日本首相大平正芳会谈时提出：“我们要实现的四个现代化，是中国式的四个现代化。我们的四个现代化的概念，不是像你们那样的现代化的概念，而是‘小康之家’。”[①] 参照发达国家的人均收入，邓小平还设定了中国现代化的量化标准，即到二十世纪末争取国民生产总值达到人均 1000 美元，实现小康水平，并且用“吃得好，穿得好，用得好”这一通俗的描述将“现代化”的抽象概念具体化为每个人都可以想象出来的愿景。[②]

为了实现现代化发展战略，邓小平提出了“台阶式”发展的思想，争取每隔几年使国民经济上一个新台阶，同时指出“在今后的现代化建设长过程中，出现若干个发展速度比较快、效益比较好的阶段，是必要的，也是能够办到的。”[③] 1987 年 4 月，邓小平第一次提出了分“三步走”基本实现现代化的战略。同年 11 月中共十三大把邓小平“三步走”的发展战略构想确定下来：第一步是从 1981 年到 1990 年，实现国民生产总值比 1980 年翻一番，解决人民的温饱问题；第二步是从 1991 年到 20 世纪末，使国民生产总值再翻一番，达到小康水平；第三步是到 21 世纪中叶，国民生产总值再翻两番，达到中等发达国家水平，基本实现现代化。

站在 2020 年这一重要的历史节点回顾，已然可以肯定，作

---

① 邓小平：《中国本世纪的目标是实现小康》，《邓小平文选》（第二卷），人民出版社 1994 年版，第 237 页。

② 王为衡：《前所未有接近民族复兴的改革开放中国》，《北京日报》2013 年 3 月 4 日。

③ 邓小平：《在武昌、深圳、珠海、上海等地的谈话要点》，《邓小平文选》（第三卷），人民出版社 1993 年版，第 377 页。

为中国社会主义改革开放和现代化建设总设计师的邓小平高瞻远瞩，明确提出了要“走一条中国式的现代化道路”，并且制定了“三步走”发展战略，为当代中国基本实现现代化指明了发展方向，提供了切实可行的步骤。正如中共十四大报告所指出的：“邓小平同志是我国社会主义改革开放和现代化建设的总设计师。他尊重实践，尊重群众，时刻关注最广大人民的利益和愿望，善于概括群众的经验和创造，敏锐地把握时代发展的脉搏和契机，既继承前人又突破陈规，表现出了开辟社会主义建设新道路的巨大政治勇气和开拓马克思主义新境界的巨大理论勇气，对建设有中国特色社会主义理论的创立做出了历史性的重大贡献。”①

面向中国的现代化进程即将跨入新千年，1997 年召开的中共十五大把“三步走”发展战略的第三大步具体化为三个阶段性目标，即：在 21 世纪第一个 10 年，实现国民生产总值比 2000 年翻一番，使人民的小康生活更加富裕，形成比较完善的社会主义市场经济体制；再经过 10 年的努力，到建党 100 周年时，使国民经济更加发展，各项制度更加完善；到 21 世纪中叶建国 100 周年时，基本实现现代化，建成富强民主文明的社会主义国家。②

步入新世纪，2002 年召开的中共十六大作出时代研判，21 世纪头 20 年是一个必须紧紧抓住并且可以大有作为的重要战略机遇期。根据中共十五大提出的到 2020 年建党 100 年和 21 世纪中叶中华人民共和国成立 100 年的发展目标，要在 21 世纪头 20

① 江泽民：《加快改革开放和现代化建设步伐，夺取有中国特色社会主义事业的更大胜利》，《江泽民文选》（第一卷），人民出版社 2006 年版，第 222 页。

② 江泽民：《高举邓小平理论伟大旗帜，把建设有中国特色社会主义事业全面推向二十一世纪》，1997 年 9 月 12 日。

年，集中力量，全面建设惠及十几亿人口的更高水平的小康社会，使经济更加发展、民主更加健全、科教更加进步、文化更加繁荣、社会更加和谐、人民生活更加殷实。这是实现现代化建设第三步战略目标必经的承上启下的发展阶段，也是完善社会主义市场经济体制和扩大对外开放的关键阶段。经过这个阶段的建设，再继续奋斗几十年，到21世纪中叶基本实现现代化，把我国建成富强民主文明的社会主义国家。①

2. 开启全面建设社会主义现代化强国的新征程

自改革开放后，提出社会主义现代化建设的“三步走”战略目标以来，经过多年的不懈努力，中国已经提前实现了第一步、第二步战略目标。2002年召开的中共十六大正式宣告人民生活总体达到小康水平，开启了全面建设小康社会的新阶段。此后，中共十七大对全面建设小康社会、十八大对全面建成小康社会相应作出了新的部署。2012年中共十八大后，习近平总书记进一步提出了在21世纪实现中华民族伟大复兴的中国梦。

那么，何为中国梦？

中国梦是中华民族伟大复兴的形象表述。实现中华民族的伟大复兴，就是中华民族近代以来最伟大的中国梦。② 坚持和发展中国特色社会主义的总任务，就是要实现社会主义现代化和中华民族伟大复兴，在全面建成小康社会的基础上，分“两步走”在21世纪中叶建成富强民主文明和谐美丽的社会主义现代化强国。即从2020年到2035年，在全面建成小康社会的基础上，再奋斗

---

① 江泽民：《全面建设小康社会，开创中国特色社会主义事业新局面》，2002年11月8日。

② 《习近平总书记深情阐述“中国梦”》，《人民日报》2012年11月30日。

15 年，基本实现社会主义现代化；然后从 2035 年到 21 世纪中叶，在基本实现现代化的基础上，把中国建成富强民主文明和谐美丽的社会主义现代化强国。①

从全面建成小康社会到基本实现现代化，再到全面建成社会主义现代化强国，是新时代中国特色社会主义发展的战略安排，也是社会主义现代化新征程。实现社会主义现代化强国“两步走”战略，就具体目标而言，第一阶段是从 2020 年到 2035 年，在经济建设方面，经济实力、科技实力将大幅跃升，跻身创新型国家前列；在政治建设方面，人民平等参与、平等发展权利得到充分保障，法治国家、法治政府、法治社会基本建成，各方面制度更加完善，国家治理体系和治理能力现代化基本实现；在文化建设方面，社会文明程度达到新的高度，国家文化软实力显著增强，中华文化影响更加广泛深入；在民生和社会建设方面，人民生活更为宽裕，中等收入群体比例明显提高，城乡区域发展差距和居民生活水平差距显著缩小，基本公共服务均等化基本实现，全体人民共同富裕迈出坚实步伐，现代社会治理格局基本形成，社会充满活力又和谐有序；在生态文明建设方面，生态环境根本好转，美丽中国目标基本实现。第二阶段是从 2035 年到 21 世纪中叶，物质文明、政治文明、精神文明、社会文明、生态文明得到全面提升，实现国家治理体系和治理能力现代化，成为综合国力和国际影响力领先的国家，全体人民共同富裕基本实现，人民将享有更加幸福安康的生活，中华民族将以更加昂扬的姿态屹立

---

① 习近平：《决胜全面建成小康社会　夺取新时代中国特色社会主义伟大胜利——在中国共产党第十九次全国代表大会上的报告》，人民出版社 2017 年版，第 27—29 页。

于世界民族之林。[①]

综上所述，中华人民共和国成立以来，中国共产党领导人民创造了世所罕见的经济快速发展奇迹和社会长期稳定奇迹，[②] 各项事业全面进步，国家面貌发生了前所未有的巨大变化。经过长期努力，中国特色社会主义迎来了一个新时代。这是中国全面建设社会主义现代化强国的崭新阶段。展望到中华人民共和国诞生100 年建成社会主义现代化强国之时，拥有悠久历史的中华民族，将终于在近代以来的浴血奋战和不懈努力中实现一个古老文明的凤凰涅槃，完成卓越辉煌的现代化路程。这也是中国特色社会主义新时代的必然要求、历史任务和奋斗目标。

① 习近平：《决胜全面建成小康社会　夺取新时代中国特色社会主义伟大胜利——在中国共产党第十九次全国代表大会上的报告》，人民出版社 2017 年版，第 28—29 页。

② 《中共中央关于坚持和完善中国特色社会主义制度　推进国家治理体系和治理能力现代化若干重大问题的决定》，《人民日报》2019 年 11 月 6 日。

二

国家转型：“五位一体”的现代化制度体系重建

长期以来，作为世界上人口最多的社会主义大国，中国如何从半殖民地半封建模式下的传统国家向崭新的现代化国家转型，一直备受关注。当清帝退位，封建帝制在中国历史上画上句号之后，中国进入一个相对零散的、分离的、低效的旧军阀和地主阶级、大资产阶级主导的政府治理时代。在这种政治系统运行之下的国家，经济凋敝、政治腐败、社会动荡、文化衰落，仍然没有走出自身孱弱而被列强肆意欺凌的境地。此后又历经北伐、抗日、内战等长达数十年的战争，更是让中国千疮百孔。最终，历史选择了中国共产党，选择了社会主义的人民共和国作为政权组织形式。

中华人民共和国成立以来，如何把这个满目疮痍的国家向整体性的、结构化的、高效能的现代治理体系推进，一直是共和国的缔造者和继承者不断探索的政治主题。在这一探索过程中，中国共产党和人民政府一直致力于将曾经断裂的国家发展脉络，进行跨越式改造，并形成超越西方发展道路的中国特色社会主义国家体系。历经 70 余年的发展，中国共产党不断通过党的自我建设，以及对国家政治、经济、社会等领域事务的改革创新，一步步夯实自身的执政基础——从以毛泽东为代表的第一代领导人的开拓初创，历经邓小平、江泽民时代的摸索前行，再到以胡锦涛为总书记的领导集体带领中国人民奋发图强，中国逐步从“站起来”到“富起来”，国家从单纯谋求独立自主到追求富国利民强军等多重目标，一个崭新的、作为世界第二大经济体的东方大国已经屹立在国际舞台之上。

特别是中共十八大以来，在以习近平同志为核心的领导集体执政以后，中国进入了一个崭新的发展阶段，中国特色社会主义进入了新时代。中国更加吸引国际社会的关注，世人的目光聚焦在对中国未来发展的期许和展望中。中国特色国家治理的顶层设计更加具有针对性地回应了国际学界有关中国治理走向的争议。在"怎么治理中国"这个重大问题上，中共十八届三中全会提出了"国家治理体系和治理能力现代化"这一关键界定，中共十八届五中全会又提出了以人民为中心的执政理念的关键转换，再到中共十九届四中全会提出坚持和完善中国特色社会主义制度。这些理念的提出和践行，把中国国家治理提升到了新的境界和水平，也使自身在经济事务之外更好地融入世界，更好地应对全球化带来的国内外双重风险与挑战。

相较于世界上其他国家，尤其是欧美发达国家的治理制度，中国的国家治理开创了一个不同的模式或者说一条不同的路径，即在中国共产党领导下的"五位一体"的制度体系。中共十八大提出了全面落实经济建设、政治建设、文化建设、社会建设、生态文明建设"五位一体"的总体布局。2012 年 11 月，习近平在中共十八届中央政治局第一次集体学习时指出："强调总布局，是因为中国特色社会主义是全面发展的社会主义。我们要牢牢抓好党执政兴国的第一要务，始终代表中国先进生产力的发展要求，坚持以经济建设为中心，在经济不断发展的基础上，协调推进政治建设、文化建设、社会建设、生态文明建设以及其他各方面建设。"[①] 中共十八届五中全会进而提出要全面统筹推进"五位一体"建设。中共十八大以来，在党和政府的大力推动下，五大建设稳步推进，中国特色社会主义事业更具有全面性、丰富性、协调性，书写了中国国家治理的新篇章。

---

① 习近平：《紧紧围绕坚持和发展中国特色社会主义学习宣传贯彻党的十八大精神》，《十八大以来重要文献选编》（上），中央文献出版社 2014 年版，第 77 页。

（一）以党政一体化引领国家政治重塑

1. 政党重建：反腐肃贪与制度建设

办好中国的事情，关键在党，关键在坚持党要管党、全面从严治党。全面从严治党是中国共产党作为世界最大马克思主义政党的一场伟大的自我革命，这场革命有“破”也有“立”。其中“破”的核心在于如何对党的组织和成员进行体系和身份的“重构”与“重塑”。

中共十八大以来，坚持和加强中国共产党的全面领导一直是政治发展的一条主线，而反腐败斗争是加强党的领导的最基本前提。中共坚持深入推进反腐败斗争，努力增强党自我净化、自我完善、自我革新、自我提高的能力，不断增强自身对中国特色社会主义事业的驾驭力和领导力。2013 年 1 月，中共十八届中央纪委二次全会强调，要更加科学有效地防治腐败，坚定不移把党风廉政建设和反腐败斗争引向深入，形成不敢腐的惩戒机制、不能腐的防范机制、不易腐的保障机制。在这一思路的指导下，中共的反腐败斗争全面铺开，而制度建设始终贯穿其中，为全面推进党的政治建设、思想建设、组织建设、作风建设、纪律建设服务。

一方面，全面织密由派驻纪检监察组、巡视工作组、举报渠道等共同组成的反腐工作机制网络。2013 年 4 月，中纪委约谈 53 位派驻中央和国家机关各部委纪检组组长、纪委书记，督促他们更好担负起管党治党责任、推进党中央八项规定精神落实。① 此

① 当代中国研究所：《新中国 70 年》，当代中国出版社 2019 年版，第 499 页。

后，各省（区、市）纪委也相继建立约谈制度。同时，巡视全覆盖对全党进行了全面的政治体检。中共十八届三中全会对巡视全覆盖作出明确部署，要求改进中央和省（区、市）巡视制度，做到对地方、部门、企事业单位党组织全覆盖。中共十八届六中全会进一步强调，党委要在一届任期内实现巡视全覆盖。到中共十九大之前，中央巡视组已开展巡视 12 轮，覆盖 277 个党组织，对 16 个省（区、市）开展"回头看"，对 4 个中央单位开展了"机动式"巡视；各省（区、市）党委组织巡视了 8362 个党组织；中央军委组织开展 13 批次巡视，完成了对军委管理的党组织的常规巡视全覆盖和回访巡视全覆盖，并开展 3 批次专项"机动式"巡视。[①] 在党中央坚强有力的领导下，巡视工作在党的历史上首次实现一届任期全覆盖，体现了党内监督无禁区的鲜明立场和全面从严治党的坚定决心，对推进党的建设新的伟大工程具有重要里程碑意义。[②] 2013 年 9 月，中共中央纪委监察部网站和全国纪检监察机关 12388 举报窗口正式开通[③]，覆盖中央、省、市、县四级纪检监察机关，成为纪检监察机关直接服务广大群众的窗口和受理群众举报、开展群众监督的重要渠道。

另一方面，不断完善党内监督的组织体系。2014 年到 2015 年，中央实现对 139 家中央一级党和国家机关派驻纪检机构全覆盖。[④] 中共十八届六中全会首次将监察机关与人大、政府并列，提

---

① 曹普：《中国改革开放全景录（中央卷）》（下），人民出版社 2018 年版，第 273 页。

② 《党的十八大以来中央巡视工作综述》，《人民日报》2017 年 9 月 29 日。

③ 中共中央党史研究室：《党的十八大以来大事记》，《人民日报》2017 年 10 月 16 日。

④ 中共中央党史研究室：《党的十八大以来大事记》，《人民日报》2017 年 10 月 16 日。

出各级党委要支持监察机关对同级其他国家机关及公职人员进行监督。2018 年 3 月，十三届全国人大一次会议表决通过《中华人民共和国监察法》，选举产生国家监察委员会主任。当月国家监察委员会挂牌成立，标志着监察机制体制改革转入全面深化阶段。

此外，制度约束更趋刚性，制度执行更加有力。制度的生命力在于认真落实、有效执行。中共中央十分重视制度治党，并多次强调制度执行力的问题。习近平总书记在党的群众路线教育实践活动总结大会上的讲话中指出："要增强制度执行力，制度执行到人到事，做到用制度管权管事管人。"① 中共十八大以来，中央狠抓制度执行，以严的标准、实的作风强化党内法规执行，确保了党内法规制度的严肃性、权威性。第一，从严治党的"两个责任"被进一步明确——党委负主体责任，纪委负监督责任。这两个责任的落实，强化了制度执行的主体性。第二，强化党内监督。充分发挥好巡视利剑作用，凸出巡视重点，善用巡视成果，基本实现巡视全覆盖、全国一盘棋的目标，不断增强巡视监督的权威性、针对性、实用性。第三，严明党的纪律。各级纪检监察机关聚焦主责主业、强化监督执纪问责，用铁的纪律打造过硬的纪检监察干部队伍，在全面从严治党中找准职责定位，发挥好党内监督专门机关的作用；坚持有贪必惩、有腐必反，老虎苍蝇一起打，以踏石留印、抓铁有痕的态度抓党风廉政建设和反腐败工作，转变执纪理念，把纪律和规矩挺在前面，强化责任担当，加大问责力度，确保制度不变成稻草人、纸老虎；坚持反腐零容忍、执纪无禁区，查处一批党的高级领导干部，真正做到党员在党纪党规面前一律平等。

---

① 习近平：《在党的群众路线教育实践活动总结大会上的讲话》，《人民日报》2014 年 10 月 9 日。

2. 建章立规：党内法规的大规模修订与制定

党内法规体系构建可以理解为全面从严治党中"立"的部分，也取得了重大进展。党内法规是党的制度的基本表现形式，是党的制度建设范畴的高级形态，是从严治党制度建设的主要支撑。党内法规分为七类，包括党章、准则、条例、规则、规定、办法、细则。中共十八大以来，中央根据形势的变化和从严治党的使命要求加强党内法规建设，党内法规体系构建取得重大进展，七类法规都得到不同程度的修订和完善，系统性、科学性和规范化程度不断提高。

一是党章的权威进一步增强。中央反复强调要强化全党对党内根本大法——党章的意识，树立党章的绝对权威。习近平总书记指出："党章是我们立党、治党、管党的总章程，是全党最基本、最重要、最全面的行为规范。"① 在中共十八届中央纪委二次全会上，他要求"每个共产党员特别是领导干部都要牢固树立党章意识，自觉用党章规范自己的一言一行"②。"两学一做"学习教育活动以来，全党尊崇党章、学习党章、遵守党章的氛围前所未有。

二是根据实践和形势的要求，修订制定了一批党内法规。中央先后修订了《中国共产党巡视工作条例》《中国共产党纪律处分条例》等党内法规；同时，根据新的时代发展需要制定一批新的党内法规，如新制定了《中国共产党党内监督条例》《中国共

① 习近平：《全面贯彻落实党的十八大精神要突出抓好六个方面工作》，《求是》2013 年第 1 期。

② 《严明政治纪律，自觉维护党的团结统一》，习近平：《论坚持党对一切工作的领导》，中央文献出版社 2019 年版，第 18 页。

产党党组工作条例（试行）》等，填补了党内法规建设的部分空白，使党内法规体系更加健全。

三是完善党内法规退出机制。中共开展了党内历史上第一次党内法规和规范性文件集中清理，对新中国成立以来党内法规和规范性文件进行全面的筛选清理，宣布失效一批文件，废止一批文件。由此，党内法规体系进一步完善，逐步形成了以《关于新形势下党内政治生活的若干准则》《中国共产党廉洁自律准则》2部准则，《中国共产党党内监督条例》《中国共产党纪律处分条例》《中国共产党问责条例》等25部条例为基干，辅以一系列规则、规定、办法、细则等组成的法规体系。截至2021年7月1日，全党现行有效党内法规共3615部。① 习近平在庆祝中国共产党成立100周年大会上宣布，中国共产党已经“形成比较完善的党内法规体系”。通过这一覆盖全面、层级分明、科学管用的党内法规体系，中共有效扎紧了制度的笼子，为全面从严治党提供明确依据和有力抓手。

3．穿针引线：全面加强党对一切工作的领导和强化党的作用的机构改革

中共十八大以来，中央越来越意识到，中国国家治理体系的鲜明特色就是中国共产党的领导，习近平总书记多次强调，这既是中国特色社会主义最本质的特征，也是中国特色社会主义制度的最大优势。在以改革创新精神全面推进党的建设的伟大斗争中，要确保党始终成为中国特色社会主义的坚强领导核心，中共十八届三中全会提出，必须加强和改善党的领导，充分发挥党总揽全局、协调各方的领导核心作用。可以说，党的领导把党政一

① 《中国共产党党内法规体系》（二〇二一年七月），《人民日报》2021年8月4日。

体化和国家治理重构进行了充分而有效的串联。

党的领导体现和贯彻在国家治理的各个领域中，所谓"党政军民学，东西南北中，党是领导一切的"①。党的领导首要的是对国家治理机构和基本治理机制的领导。党的中央委员会、中央政治局、中央政治局常委会，是党的领导决策核心。党中央作出的部署，党的组织、宣传、统战、政法等部门，人大、政府、政协、法院、检察院的党组织，事业单位、人民团体等的党组织，都要贯彻落实。在实际工作中，进一步强调党委是起领导核心作用的，各方面都应该自觉向党委报告重大工作和重大情况，在党委统一领导下做好自身职责范围内的工作。中央强调：党总揽全局、协调各方的领导地位落到实处，就是要体现到经济建设、政治建设、文化建设、社会建设、生态文明建设和国防军队、祖国统一、外交工作、党的建设等各方面。哪个领域、哪个方面、哪个环节缺失了弱化了，都会削弱党的力量。从 2014 年起，习近平总书记通过多次讲话、中央通过印发若干意见等文件的形式，对于加强党对统一战线、民族宗教、国防和军队建设、国家安全、外交工作的领导，加强党对农村工作、城市工作、金融工作、国有企业工作、教育工作及加强对党校、群团组织、高校等各方面工作的领导都作了专门论述和详细部署。

中共还通过党的会议和文件的形式进一步强调和明确加强党的集中统一领导。2016 年 10 月，中共十八届六中全会正式提出"以习近平同志为核心的党中央"这一定位，号召全党紧密团结在党中央周围，牢固树立"四个意识"，坚定不移维护党中央权威和集中统一领导，确保党团结带领人民不断开创中国特色社会

---

① 《发挥党总揽全局、协调各方的领导核心作用》，习近平：《论坚持党对一切工作的领导》，中央文献出版社 2019 年版，第 10 页。

主义新局面。2017 年 10 月，中共十九届中央政治局审议通过了《中共中央政治局关于加强和维护党中央集中统一领导的若干规定》，要求从中央领导层做起，把加强和维护党中央集中统一领导作为全党共同的政治责任。2019 年 1 月，《关于加强党的政治建设的意见》印发，对中共作为执政党的政治建设作出全面部署，要求全党以政治建设为统领，把政治标准和政治要求贯穿于党的各项建设和反腐败斗争始终，不断提高党的执政能力和领导水平。

与此同时，党和国家机构改革也应声而起，全面配合加强和巩固党在国家治理体系中的领导地位。一方面，为提高决策效率和执行力度，针对重大现实问题，中共中央成立专门委员会或领导小组，由总书记或其他政治局常委担任主任或组长，以协调各部门和单位的工作。中共十八大以来，中央成立了 20 多个委员会或领导小组，例如中央国家安全委员会、中央全面深化改革领导小组、中央网络安全和信息化领导小组等。其中，中央全面深化改革领导小组的动作最为密集和引人注目，小组先后召开 40 余次会议，审议通过一大批重要改革文件，领导中央和国家机关有关部门推出 1500 多项改革举措①，为国家治理体系现代化确立了主体构架。这些委员会或小组的成立和运行，实现了中国政治中原有的临时任务性协调议事机构向常规性职能机构的转化。另一方面，新一轮党和国家机构改革也围绕确立党对各项事业的核心领导体制而全面铺开。通过就党中央机构、人大机构、国务院机构、政协机构、行政执法体制、跨军地、群团、地方机构八大方面的 60 条具体改革意见和一些改革指导原则，对党和国家机

---

① 《谱写新时代改革新篇章——以习近平同志为核心的党中央全面深化改革启示录》，《人民日报》2018 年 2 月 22 日。

构进行了全面、系统、深入的改革。其中，一条最重要的原则就是加强党的集中统一领导，特别是紧紧把握适应新时代中国特色社会主义发展要求，构建坚持党的全面领导、反映最广大人民根本利益的党和国家机构职能体系这一主线，着力从制度安排上发挥党的领导这个最大的体制优势，统筹考虑党和国家各类机构设置，协调好并发挥出各类机构职能作用，完善科学有效的领导和决策、管理和执行体制机制，确保党长期执政和国家长治久安。

由此看来，进入新时代的中国，越来越突出自身的社会主义特色，不断坚持和完善中国共产党的领导，试图通过全面的党政一体化引领国家治理体系的变革，从而进一步发挥党的领导和组织优势，动员这个世界上人数最多、规模最大的马克思主义政党全面主导国家的政治与行政体系，推动中国治理体系的变革。中国政治在这一变化中也得以全方位重塑。

（二）以区域一体化引领国家经济重塑

1. 城市群协同发展带动区域一体化

中共十八大以来，中央提出京津冀协同发展、长江经济带发展、粤港澳大湾区建设、黄河流域生态保护与高质量发展等重大发展战略，推动形成东西南北纵横联动的发展新格局，推动区域经济转型与提质。

改革开放后，中国经济在“允许一部分人先富起来”的基本发展思路下，沿海地区作为对外开放的前沿地带，持续获得改革开放的增长红利，成为中国经济发展的领头羊。随着东西部差距的逐渐拉大，21 世纪以来中央陆续推动“西部大开发战略”“东北老工业基地振兴战略”“中部地区崛起规划”等地域性振兴计划，旨在缩小地区差距，带动中国各地齐头并进发展。在前期规划逐步施行的基础上，中国区域发展在新时代又站到了新的历史起点上。

中共十八大以后，中央开始把协调发展作为经济治理的基本理念之一，并在此指导下着力实施三大发展战略。协调发展注重解决发展不平衡问题。为贯彻落实协调发展理念，在宏观和战略层面，把握中国特色社会主义事业总体布局，正确处理发展中的重大关系，不断增强发展的整体性协调性，在协调发展中拓展发展空间。促进区域协调发展是坚持协调发展的一项核心内容。中共十八届五中全会强调：推动区域协调发展，塑造要素有序自由流动、主体功能约束有效、基本公共服务均等、资源环境可承载的区域协调发展新格局。为此，要站在全局高度认识促进区域协调发展。

京津冀协同发展战略着眼于解决“大城市病”和同质发展竞争，取得了一系列重大进展。作为京津冀协同发展战略的核心，疏解北京非首都功能工作稳妥有序推进：加快北京城市副中心规划建设；实行集中疏解和分散疏解相结合，推动一批疏解示范项目向北京周边和天津、河北转移。特别是，作为深入推进京津冀协同发展的一项重大决策部署，中央决定设立河北雄安新区。新区与规划建设的北京城市副中心一道，将在承接适宜功能和人口转移、推动京津冀协同发展方面发挥重要作用。同时，它还会在建设绿色生态宜居城市，实现创新发展、协调发展、开放发展方面提供示范。

长江经济带发展战略坚持生态优先、绿色发展的战略定位，各项工作进展顺利。国家相继出台了指导意见和总体规划，明确了发展的方向、目标和重点。以此为基础，制定了重点领域的专项规划和实施方案，形成了系统的规划政策体系。生态环境保护专项行动、重点工程建设和制度建设全面展开，"共抓大保护"取得积极成效。以畅通黄金水道为依托推进综合立体交通走廊建设，一批重点工程陆续开工。依托重要试验平台，大力推进产业转型升级和新型城镇化建设，进一步培育形成一批带动区域协同发展的增长极。

粤港澳大湾区建设，是涵盖香港、澳门两个特别行政区和广东省的广州、深圳、珠海、佛山、中山、东莞、惠州、江门、肇庆9市的城市群协同建设，是对国家建设世界级城市群和参与全球竞争的重要空间载体进行的全方位发展。2017年3月全国"两会"期间，"粤港澳大湾区"被正式写入政府工作报告。湾区内各城市优势互补、协同发展，将共同把粤港澳大湾区打造成为国际一流航运中心、贸易中心、金融中心、全球科技创新中心。有关研究预测，到2022年，粤港澳大湾区有可能超越日本东京和美国纽约两大顶级湾区，成为全球经济总量最大的湾区。①

在三大战略的引领下，以沿海沿江沿线经济带为主的纵向横向经济轴带正在中国大地上全面形成。城市群协同发展带动的区域一体化，正在中国经济治理体系中发挥着越来越基础性和战略性的作用。其一，推动城市群协同发展是建设社会主义现代化强国的战略需要。从空间发展形态方面来看，建设社会主义现代化强国需要有一批现代化的国际大都市、现代化的城市群加以支撑。城市群是城市化发展到一定程度的相对成熟阶段，推动城市群一体化建设将是实现社会主义现代化强国建设目标的重要空间组织形态。其二，城市群协同发展是实现区域高质量发展的重要

① 《智库发布粤港澳大湾区人才报告：建议取消人才三地来往通行证》，澎湃新闻网2018年12月13日。

空间载体。中国经济已由高速增长阶段转向高质量发展阶段，推动区域协调发展，是建设现代化经济体系、推动经济高质量发展的重要任务。特别是高质量发展的城市群是推动中国区域经济协调发展和优化区域经济空间布局的重要组织载体，有利于推动形成优势互补、高质量发展的区域经济布局。其三，推动城市群协同发展是塑造跨区域治理的重要示范。与单个城市治理不同，城市群治理涉及跨区域治理问题，治理主体、治理对象多元化，治理过程复杂化，推动城市群一体化的关键在于提高跨区域的治理能力和治理水平，突破城市群跨区域要素流动的障碍。

2.“一带一路”倡议下的中国区域经济：全方位开放新格局的逐步形成

在注重中国经济内部协调发展的同时，我们还通过积极的深层次对外开放，加快形成全方位开放新格局。“一带一路”倡议的提出和具体项目的落地，成为中国参与全球开放合作、促进世界经济共同发展和繁荣的中国方案，得到国内各界和沿线国家与地区的普遍认可。

从 2013 年 9 月和 10 月习近平主席相继提出共建“丝绸之路经济带”和“21 世纪海上丝绸之路”的合作倡议开始，“一带一路”倡议走过高速发展的 8 年时间，基础设施互联互通加快推进、经贸投资合作成效显著、金融合作深入发展、国际接受度不断提升……

“一带一路”倡议取得的成效，给世界带来了启示，引发了人们对全球化和未来世界经济发展的思考。一方面，在逆全球化和贸易保护主义暗流涌动的世界，“一带一路”倡议以其鲜明的全球开放性，给世界经济带来弥足珍贵的动力。不管处于何种政治体制、地域环境、发展阶段、文化背景，都可以加入“一带一路”朋友圈，共商共建共享，实现合作共赢。人们越来越意识到，"一带一路"倡议正是解决世界经济发展不平衡问题的良方。俄罗斯总统普京誉之为"一项共赢而有前途的举措"，匈牙利总理欧尔班视之为"一种建立在互相尊重和共同利益基础上的新型经济全球化"。[①] 另一方面，"一带一路"倡议与相关国家和地区发展战略实现对接，在推动政策沟通、设施联通、贸易畅通、资金融通、民心相通的过程中，成为经济全球化的重要牵引力。在"一带一路"合作框架下，亚洲、非洲、拉丁美洲等广大发展中地区正在逐步加大基础设施建设力度，世界经济发展的红利因此不断输送到那些"被遗忘的角落"。

事实表明，共建"一带一路"，就是在推动经济全球化朝着更加开放、包容、普惠、平衡、共赢方向发展。"一带一路"所带动的国际合作，既有较强的包容性，也具有可持续发展的前景。

从国内国际内外联动的角度看，"一带一路"倡议为中外两个大市场提供了共同发展、互利共赢的契机。"一带一路"倡议提出后，中国与沿线国家和地区合作不断加深，激活了中国内陆中小城市的发展活力。不沿边、不沿海的很多内陆城市，诸如西安、成都、长沙、呼和浩特等都陆续找到和沿线国家与地区的经贸对接点，依托产业链和产业上下游需求，带动关联产业和项目抱团"走出去"。同时，"一带一路"倡议还推动了跨国联动的产城融合发展新范式的构建，表现在以自贸区、综合保税区（保税港区）、国家级边境经济合作示范区、国家重点开发开放试验区、跨境电商示范区等为主体的开放政策区，逐步成为中国开放的新前沿，使得内陆封闭的市场体系加速融入全球经济循环中来。这种循环主要通过三种模式实现，即"自贸区 + 国内产业基

① 国纪平：《构建人类命运共同体的伟大实践——写在习近平主席提出"一带一路"倡议 5 周年》，《人民日报》2018 年 10 月 4 日。

地”联动模式、“沿海中心城市+海外港口”产业合作区模式、“内陆中心城市+内陆口岸+境外”产业合作区模式。这些模式可以把外部的资本、技术和信息黏合在一起，并逐步与国内的众多产业基地建立起产业关联，抵消或降低交通成本、劳动力成本等不利因素的影响；能够使中国沿海部分重要港口向国际中转贸易港转变，并推动国际航运服务、航运金融等功能发展；还可以把内陆中心城市的枢纽集散功能与边境口岸地区的中转集散功能的协同效应匹配起来，共同承担国际商贸物流的重要纽带作用。上述作用正在逐渐显现——内陆开放高地已经开始冒头，重庆、成都、武汉、郑州、西安等区域中心城市都已经发展起来。中国已逐步在南亚、东南亚、非洲等国家或地区的沿海港口建设大型产业基地。同时，以中欧班列为代表的洲际陆路货运通道串联起多个贸易联动体，如哈尔滨—满洲里—绥芬河、乌鲁木齐—霍尔果斯、昆明—瑞丽、凭祥等中心城市和口岸城市。

由此看来，“一带一路”倡议已经成为中国新一轮对外开放的新引擎，在其带动下的中国多个新的区域性经济带正在逐步形成，原来仅以东部沿海地区为经济增长动力源的格局正在逐渐重构。特别是，在中共十九届五中全会提出“要加快构建以国内大循环为主体、国内国际双循环相互促进的新发展格局”的背景下，“一带一路”必将成为促进“双循环”的强有力的实践平台。

（三）以城乡治理一体化引领国家社会重塑

1. 贫困地区的扶贫运动

贫困是制约中国社会发展的一大障碍，带领人民创造美好生活，共享发展成果，是国家治理的一个主要方面和重要环节。中共十八大以来，脱贫攻坚成为社会重塑的一项宏大工程，也在改善民生领域留下浓墨重彩的一笔。

中央以前所未有的责任感和使命感向贫困发起总攻，高度重视扶贫开发工作。2012 年 12 月，习近平总书记在河北阜平考察时强调："全面建成小康社会，最艰巨最繁重的任务在农村、特别是在贫困地区。没有农村的小康，特别是没有贫困地区的小康，就没有全面建成小康社会。"① 以此发端，习近平总书记又先后在湖南、贵州、宁夏、山西、四川、重庆等地考察时专门组织召开会议并发表重要讲话，围绕脱贫攻坚的目标、任务、内容、要求等进行了系统阐述。其中，"四个切实"（即切实落实领导责任、切实做到精准扶贫、切实强化社会合力、切实加强基层组织）和"六个精准"（即扶持对象精准、项目安排精准、资金使用精准、措施到户精准、因村派人精准、脱贫成效精准）的提出，不断完善脱贫攻坚的内涵，让中国的贫困治理有了清晰的实施方案和路径。2015 年 11 月召开的中央扶贫开发工作会议和 2020 年 3 月召开的决战决胜脱贫攻坚座谈会，是中央和国家层面召开的脱贫专项会议。会议通过分析中国反贫困领域面临的形势和任务，作出相关工作部署，动员号召全党、全国上下，齐心协力打赢脱贫攻坚战，到 2020 年实现全面建成小康社会的宏伟目标。

经过持续多年的不懈努力，2021 年 2 月，习近平总书记在全国脱贫攻坚总结表彰大会上宣布，脱贫攻坚战取得了全面胜利。按照现行标准，农村贫困人口全部脱贫，完成了消除绝对贫困的

① 《习近平关于社会主义经济建设论述摘编》，中央文献出版社 2017 年版，第 209 页。

艰巨任务。2021 年 7 月 1 日，习近平在庆祝中国共产党成立 100 周年大会上宣告，中共实现了第一个百年奋斗目标，在中华大地上全面建成了小康社会。中国在较短时间内，使数亿贫困人口成功摆脱贫困，谱写了人类脱贫攻坚、消除贫困的辉煌篇章，形成了卓有成效的脱贫攻坚中国经验和中国方案。

一是明确党的领导和政府的主导地位。首先，建立党政一把手扶贫工作责任制。中共十九大将打好脱贫攻坚战作为全面建成小康社会的三大攻坚战之一，并将其作为实现中国共产党第一个百年奋斗目标的战略任务，各级政府均成立了专门的扶贫工作领导小组，明确主体责任。通过加强农村基层党组织建设，保证扶贫攻坚措施精准落实到贫困村、贫困户。其次，将脱贫攻坚纳入国家总体发展战略。党中央、国务院始终将其作为国家行动，进行周密的顶层设计和具体实施安排。2015 年 11 月，《中共中央国务院关于打赢脱贫攻坚战的决定》发布；2016 年 3 月，《中华人民共和国国民经济和社会发展第十三个五年规划纲要》发布，制定了到 2020 年如期实现贫困人口“两不愁三保障”，确保我国现行标准下农村贫困人口实现脱贫，贫困县全部摘帽，解决区域性整体贫困的合理目标。中国的扶贫行动既制定长期减贫规划，又确定年度减贫目标，常抓不懈，还根据不同阶段、不同时期的特点，及时发布相关脱贫攻坚的政策文件，开展大规模专项扶贫行动，针对特定人群如妇女儿童、残疾人、少数民族等组织实施发展规划。

二是建立系统的脱贫攻坚工作体系。这一体系包括：责任体系、政策体系、资金体系、监督体系、考核体系。责任体系表现在实行“中央统筹、省负总责、市县抓落实”的扶贫管理体制，中西部 22 个省份的党政主要负责同志向中央签署脱贫攻坚责任书、立军令状。政策体系反映在从中央、国务院，到中央办公厅

(以下称中办)、国务院办公厅（以下称国办），再到中央和国家机关各相关部门陆续出台政策文件和实施方案200多个，各地方也相继出台地方性文件，合力形成全方位的政策保障系统。资金体系主要指财政加大对扶贫的投入力度，中央财政和省级财政共投入1.6万亿元专项资金①，又安排地方政府债务用于改善贫困地区生产生活条件和易地扶贫搬迁。监督体系则表现在中央巡视工作把脱贫攻坚作为巡视的重要内容，国务院扶贫办设立监督举报热线电话，把各方面监督结果运用到考核评估和督察巡查之中。考核体系是指中央出台省级党委和政府扶贫开发工作成效考核办法，脱贫攻坚成效直接与主政官员的业绩挂钩，施行最严格的考核评估。

三是调动社会参与和激发内生动力。中国是世界上最大的发展中国家，贫困人口多、规模大，致贫原因复杂。因此，脱贫攻坚涉及政治、经济、教育、医疗、文化、生态等多层面、多方位、多维度、多系统，必须立足国情，多方发力、多管齐下、上下联动，工作才能取得成效。中国式脱贫攻坚的一个典型特征，就是充分发挥中国特色社会主义制度的优势，动员全社会参与，构建起政府、社会、市场协同推进的脱贫攻坚大格局，形成跨地区、跨部门、跨单位、多主体、多渠道、全社会共同参与的脱贫攻坚大体系。另外，充分凝聚各方力量，包括资金的多渠道筹措和人才的多方调配。政府积极实施"东西帮扶"协作，结合西部大开发战略，东部地区对口帮扶西部各省区市，促进区域协调发展，缩小东部与中西部的发展差距。"希望工程""光彩事业"等社会多方力量也参与脱贫攻坚。此外，脱贫攻坚的关键是人，

---

① 习近平：《在全国脱贫攻坚总结表彰大会上的讲话》，《人民日报》2021年2月26日。

重点在于充分调动脱贫攻坚对象的积极性，激发脱贫攻坚对象的内生动力，才能取得成效。脱贫攻坚中国方案的重要特点是，把发展作为解决贫困的根本途径，将“扶志、扶智、扶技”作为激发脱贫内生动力的重要着力点，从单纯的给钱给物转变为扶志扶智扶技，从单纯的物质扶贫转变为物质扶贫与技术扶贫相结合，调动脱贫攻坚对象潜在的积极性，提高其发展能力，发挥其主体作用。

2. 乡村振兴带动下的城乡一体化

城乡二元结构主要表现为二者发展的不平衡，城乡经济发展程度、城乡居民收入、消费水平差距较大。城乡一体化是指城市和乡村的两个不同特质的经济社会单元和人类聚落空间，在一个相互依存的区域范围内谋求融合发展、协调共生的过程。[①]

新中国成立以来，在推进工业化、保障粮食安全的过程中，不断探索城乡关系，从而出现了脉络分明的城乡关系发展的几个阶段。第一阶段是 1949 年之后到 1976 年“文化大革命”结束，主要特点是确定了城市化、工业化为主的发展战略。第二阶段是改革开放到 2001 年，随着改革开放，计划体制逐步向市场经济体制转变，农业经济也向工业经济转轨，随之城乡关系也出现了新的发展和增长点。但国家对于农村的财政投入偏低、农业税收偏高，也限制了农村的建设和发展。这个阶段中，城乡利益依然向城市倾斜。第三阶段是从 2002 年[②]至今，这个时期的城乡发展进入了统筹阶段。但城乡二元化结构依然难以消除，城乡发展不平衡的问题依然突出。

---

① 陈雯：《“城乡一体化”内涵的讨论》，《现代经济探讨》2003 年第 5 期。

② 2002 年召开的中共十六大，首次提出“统筹城乡经济社会发展”。

新时代下，中国城乡关系蕴含的社会主要矛盾已经转化为人民日益增长的美好生活的需要和不平衡不充分的发展之间的矛盾。后者的根源在于城乡发展不平衡、农村发展不充分。基于此，新时代中国城乡发展必然着力解决城乡发展融合的问题。第一，新时代需要破解城乡关系的老问题。改革开放以来，城市发展速度快、效果显著，城镇化和工业化不断加快。农村发展却相对缓慢，成为中国经济社会发展进程突出的瓶颈。第二，新时代要求对城乡关系重新定位，从根本上打破二元城乡结构，加快城乡市场化流通机制改革，让市场成为资源流通配置的主要平台，让城乡人才、资金、技术、信息等要素充分而自由流向效率最高的地方，为城乡融合发展提供有力的保障。第三，新时代的城乡关系要有新目标。从短期看，就是要助力补齐农村发展的短板，让城乡关系在平衡对称的空间发展。就长远讲，则是要实现城乡的全面融合发展，实现全体人民共同富裕的中国梦。

基于上述背景，中央大力实施乡村振兴战略。在中共十八大提出促进工业化、信息化、城镇化和农业现代化同步发展的基础上，中共十九大又明确提出乡村振兴战略，要求建立健全城乡融合发展体制机制和政策体系，加快推进农业农村现代化。2018 年 1 月，中共中央、国务院印发《关于实施乡村振兴战略的意见》；6 月，又印发《乡村振兴战略规划（2018—2022 年）》。后者是中国出台的第一个全面推进乡村振兴战略的五年规划，提出到 2050 年，乡村全面振兴，全面实现农业强、农村美、农民富。

在上述意见和规划的指导下，中国乡村引来了新的发展契机，并由此推动城乡一体化进一步提速。展望未来，乡村振兴可以从三个方面加快城乡一体化的发展：一是构造共荣型经济利益体系作为城乡融合发展的互利机制。城乡共荣就是要实现城市和乡村之间的利益互动、共同繁荣关系，对中国经济社会发展的公平公正、均衡共享不断推进。二是构建共享型政治权益体系作为城乡融合发展的重要保障。政治共享是通过乡村振兴途径，破解传统的乡村强人政治的顽疾，解决病态化政治格局，实现乡村政治资源的合理分布、政治权利的公平分配、政治收益的均衡有序。三是构筑共融型文化观念体系作为城乡融合发展的价值取向。城乡文化共融，就是破除城乡之间的区域隔绝，城乡之间相互认同、共同生存、逐渐融合，为城乡融合确定正确的价值取向。

（四）以核心价值引领国家文化重塑

1. 增强社会主义意识形态的凝聚力和引导力，掌握意识形态主导权

中共十八大以来，中国思想文化领域发生了一些重大变化，其中比较显著的情况是，执政党在意识形态工作某些方面的被动局面得到了有效改变，最核心和最重要的就是中共逐步牢牢掌握意识形态工作的主导权。

随着经济的发展和科技的进步，社会意识逐渐多元化，传播手段也日趋多样化，意识形态领域的斗争更加复杂尖锐。面对这种情况，中共十八大提出，要牢牢掌握意识形态工作的主导权，坚持正确导向，提高引导能力，壮大主流思想舆论。中共十九大进一步要求，通过建设具有强大凝聚力和引领力的社会主义意识形态，使全体人民在理想信念、价值理念和道德观念上紧紧团结在一起。2013 年 8 月，中央组织召开全国宣传思想工作会议，强调意识形态工作是党的一项极端重要的工作，宣传思想工作就是

要巩固马克思主义在意识形态领域的指导地位，巩固全党全国人民团结奋斗的共同思想基础。此后，针对文艺工作者、新闻工作者、党校系统、高校系统等重点意识形态从业群体，中央陆续专门召开专题座谈会，就相关领域如何加强意识形态在前沿阵地的作用进行部署。总的来看，这一阶段的意识形态工作朝着三个方向稳步推进。

一是大力培育和弘扬社会主义核心价值观。社会主义核心价值观可以说是新时代中国特色社会主义的"魂"，弘扬这一价值观就是强我魂魄的关键之举。2012 年 11 月，中共十八大第一次用 24 个字凝练全党全社会共识，以"富强、民主、文明、和谐、自由、平等、公正、法治、爱国、敬业、诚信、友善"高度概括社会主义核心价值观。这一概括从国家、社会、公民三个层面上提出社会主义文化所倡导的核心精神。2013 年 12 月，中办印发《关于培育和践行社会主义核心价值观的意见》，就培育和践行社会主义核心价值观的意义、指导思想、原则举措、组织领导等作出总体部署。2015 年 4 月，中宣部、中央文明办印发《培育和践行社会主义核心价值观行动方案》，强调要紧密联系群众生产生活实际，结合各行各业特点，广泛深入开展培育社会主义核心价值观主题实践活动，努力在全社会形成共同的价值追求。该方案提出了 15 项重点活动项目。2016 年 12 月，中办、国办又印发《关于进一步把社会主义核心价值观融入法治建设的指导意见》，提出把社会主义核心价值观融入法治国家、法治政府、法治社会建设全过程，以法治体现道德观念，强化法律对道德建设的促进作用。在以上文件的指导下，各种实践活动遍地开花，相关教育进教材、进课堂、进社区，全社会广泛开展"最美人物""身边好人"等评选活动，等等。总之，中共十八大以来，在持续深化社会主义核心价值观的培育和弘扬方面，中国在理论和实践上都迈出了新步伐，达到了新高度。核心价值观正在逐渐成为全民族奋发向上、团结和睦的精神纽带。

二是加强党对意识形态工作的领导。中国共产党历来高度重视意识形态工作，特别是中共十八大以来，习近平总书记多次强调意识形态工作的极端重要性，要求从战略和全局的高度认识意识形态工作的重大意义。自 2013 年全国宣传思想工作会议之后，中共通过一系列举措加大对意识形态工作的领导，这些举措主要解决以往存在的不想抓、不敢抓和不会抓问题。首先是通过提高领导干部的思想认识解决不想抓的问题。在历次召开的宣传部长会议，与文艺、新闻舆论、高校等相关领域工作者座谈会等场合，习近平总书记反复强调意识形态工作的重要性，提高有关同志的思想认识；同时，在印发的《关于加强基层宣传思想文化工作的意见》等文件中也一再把意识形态工作的地位摆得十分突出。其次是通过压实政治责任解决不敢抓的问题。做好意识形态工作，首要明确的是党委主要负责同志是第一责任人，同时需要全党动手，切实形成党委统一领导、党政齐抓共管、宣传部门组织协调、有关部门分工负责、广大党员干部共同参与的良好局面。再次是通过增强治理能力解决不会抓的问题。中共进一步加大对领导干部的相关培训，着力提高他们的政治鉴别能力、舆论引导能力和相关实际工作能力。

2. 增强文化自信，提高文化软实力

文化是一个民族、一个国家区别于其他民族、其他国家的重要标志之一。文化自信的水平代表着一个国家对自身文化的肯定和践行的程度。中共十八大以来，我们积极增强文化自信，努力提高自身文化软实力。

首先，通过深化文化体制改革，促进社会主义文化大发展大

繁荣。在中共十八大以前业已完成阶段性文化体制改革的基础上，中央面对新形势新变化，着眼新的目标，加强顶层设计，进一步深化相关改革。根据中共十八大和十八届三中全会的有关部署，2014 年 3 月，中央全面深化改革领导小组审议通过的《深化文化体制改革实施方案》正式下发，方案明确了改革的指导思想、目标思路、主要任务和政策保障，为下阶段改革确立路线图和时间表。总的思路是，紧紧围绕一个核心目标，即培育和弘扬社会主义核心价值观、建设社会主义文化强国，着力抓住两个关键环节，即完善文化管理体制和深化国有文化单位改革，构建现代公共文化服务体系、现代文化市场体系、优秀传统文化传承体系、对外文化传播和对外话语体系、文化政策法规体系等五大体系。2017 年 5 月，中办、国办印发《国家"十三五"时期文化发展改革规划纲要》，进一步对 11 个方面的具体工作进行了部署。

其次，进一步提高主流媒体的传播力公信力影响力和舆论引导能力。2014 年 8 月，中央全面深化改革领导小组第四次会议审议通过《关于推动传统媒体和新兴媒体融合发展的指导意见》，之后又相继出台《中华人民共和国网络安全法》《关于促进移动互联网健康有序发展的意见》等法律和文件，确保主流媒体成为形态多样、手段先进、具有竞争力的新型主流媒体，建成若干具有强大实力和传播力的新型媒体集团。

再次，传播中国声音，讲好中国故事，增强中华文化的国际影响力。中共中央、国务院陆续印发《关于加快发展对外文化贸易的意见》《关于进一步加强和改进中华文化走出去工作的指导意见》等文件，坚持政府统筹、社会参与、官民并举、市场运作，努力构建全方位、多层次、宽领域、高效率的工作格局，扩大中华文化传播力和影响力，推动中华文化"走出去"。中国已同157个国家和地区签署了文化合作协定，[①] 多边国际文化合作交流不断深化，中国的国际文化话语权不断提升。同时用好传统文化中具有发展潜力的资源，推动中医药、中国美食、中国功夫等走出去，并积极培育相关产业拓展海外市场。

（五）以美丽中国引领国家生态重塑

生态环境治理是一个国家经济发展到一定阶段和水平的必由之路。中共十八大以来，中国把生态文明建设作为“五位一体”总体布局的崭新“一位”，把坚持人与自然和谐共生作为新时代发展的基本方略之一，明确了相关工作要求和部署，并由此展开了“美丽中国”建设，生态文明建设取得显著成效，为经济进一步高质量发展奠定基础，同时满足人民群众日益增长的对美好生活的需要。

1. 树立生态环境保护新理念

在现代工业化过程中，很多国家都难以避免地走过“先污染再治理”的老路，生态环境和经济发展难以有机地统一起来。中国经过改革开放四十余年的高速发展，生态环境也在一定程度上受损，并且已经成为制约经济转型升级和影响人民生活的重要因素之一。为此，中国的生态环境保护必须有所突破、有所行动。

“绿水青山就是金山银山”的提出和践行让中国的生态环境治理从理念上发生了一次质的飞跃和提升。2005年8月，时任浙

① 曹普：《中国改革开放全景录（中央卷）》（下），人民出版社2018年版，第126页。

江省委书记的习近平到安吉余村考察时提出："我们过去讲既要绿水青山，又要金山银山，实际上绿水青山就是金山银山。"此后，习近平在若干不同场合反复重申和强调这一提法。2015 年 4 月，"绿水青山就是金山银山"理念被写入中共中央、国务院《关于加快推进生态文明建设的意见》等官方重要文件，它逐渐深入人心，持续影响中国的经济社会发展，引领中国迈向生态文明新时代。

如果说"绿水青山就是金山银山"的思想是中国生态环境保护新理念的发端，那么"美丽中国"建设就是上述理念落实到国家治理当中的行动指南。中共十九大报告首次把"美丽中国"作为建设社会主义现代化强国的重要目标，将建设生态文明提升为"千年大计"，报告强调要牢固树立社会主义生态文明观，推动形成人与自然和谐发展的现代化建设新格局。十三届全国人大一次会议审议通过的宪法修正案，亦写入了"生态文明建设"相关内容。从党的文件到国家根本法的宣示，都反映出新时代的中国已经将绿色发展观念深入到国家治理的基本理念当中，它正在从思想上重塑中国当下和未来环境发展与治理的新路径。

2. 构建社会主义生态文明制度体系

中共十八大以来，中央推动生态环境保护工作全面深化改革，加快推进生态文明顶层设计和制度体系建设，相继出台《关于加快推进生态文明建设的意见》《生态文明体制改革总体方案》，制定了 40 多项涉及生态文明建设的改革方案，修订《中华人民共和国环境保护法》，从多个方面对生态文明建设进行了全面系统部署。在上述文件指导下，中国逐步建立起生态文明制度的基础性框架，生态文明制度体系加快形成。

第一，从公共行政角度推进相关改革和环境治理工作迈出重要步伐。一是对生态相关重大基础性制度的改革持续进行，例如自然资源资产产权制度改革、国土空间开发保护制度、自然资源确权登记、自然生态空间用途管制等；二是推进环境治理体系改革，例如建立中央环境保护督察制度、对省以下环保机构监测监察执法实行垂直管理、全面实行河长制湖长制林长制及控制污染物排放许可制等，努力构建政府为主导、企业为主体、社会组织和公众共同参与的环境治理体系；三是建立生态文明绩效评价考核和责任追究制度，例如编制自然资源资产负债表、实行领导干部自然资源离任审计、严格执行生态环境损害责任终身追究制、落实环境保护“党政同责”“一岗双责”等。这一系列制度建设，涵盖了生态文明从源头、过程到结果的全过程，包括环境治理、空间管制、资源节约等多个方面，具有很强的系统性、整体性、协同性和操作性，推动中国生态文明建设取得重大进展，生态环境保护发生了历史性、转折性、全局性变化。

第二，推动社会形成绿色发展方式和生活方式。绿色发展方式和生活方式的转变是从执政者思维的转变开始的。2013 年 4 月，习近平总书记在中央政治局常委会会议上指出：“我们不能把加强生态文明建设、加强生态环境保护、提倡绿色低碳生活方式等仅仅作为经济问题。这里面有很大的政治。”① 一个月后在中共十八届中央政治局第六次集体学习时，他又提到：“要更加自觉地推动绿色发展、循环发展、低碳发展，决不以牺牲环境为代价去换取一时的经济增长。”② 2017 年 5 月，中共十八届中央政

① 《习近平关于社会主义生态文明建设论述摘编》，中央文献出版社 2017 年版，第 5 页。

② 习近平：《努力走向社会主义生态文明新时代》，《习近平谈治国理政》（第一卷），外文出版社 2018 年版，第 209 页。

治局专门就推动形成绿色发展方式和生活方式进行集体学习，习近平总书记再次阐明：推动形成绿色发展方式和生活方式，是发展观的一场深刻革命。在思想认识革新的基础上，相关工作的路径和措施不断得以明确和推进。2015 年出台的《关于加快推进生态文明建设的意见》提出，经济社会发展必须建立在资源得到高效循环利用、生态环境受到严格保护的基础上，与生态文明建设相协调，形成节约资源和保护环境的空间格局、产业结构、生产方式。2018 年印发的《关于创新和完善促进绿色发展价格机制的意见》和 2019 年发布的《关于构建市场导向的绿色技术创新体系的指导意见》等，均强调要以解决资源环境生态突出问题为目标，坚持市场导向，强化绿色引领，加快构建绿色技术创新体系。

第三，完善环保法律法规，构筑保护环境的法治空间。2014 年以来，全国人大先后通过《中华人民共和国环境保护法（修订)》《中华人民共和国大气污染防治法》《中华人民共和国环境保护税法》等法律，在环保领域进行了国家层面的法制建设。在此基础上，一些部门性、地方性法规也相继出台，形成从总体到局部、从中央到地方的环境保护法律法规网络。

3. 解决国内突出环境问题

解决好人民群众反映强烈的突出环境问题，既是改善环境民生的迫切需要，也是加强生态文明建设的当务之急。中共十八大以来，以解决突出环境问题为实践重点的生态环境保护工作全面铺开。

一是坚决治理污染排放。持续推进对大气污染的防治和环境修复工作，在 2013 年国务院印发《大气污染防治行动计划》明确 10 项措施并逐步实施之后，2018 年国务院又印发《打赢蓝天保卫战三年行动计划》，在此指导下，中国的大气污染防治工作取得一定进展，全国主要城市空气质量不断改善。同时针对污染排放严重行业，对排放物不达标企业，既依法依规监管，又重视合理诉求、加强帮扶指导，帮助企业过渡或转型。二是抓好生态综合治理。2016 年 11 月，国务院印发《“十三五”生态环境保护规划》；中共十九大把污染防治作为决胜全面建成小康社会的三大攻坚战之一；2018 年 6 月，中共中央、国务院印发《关于全面加强生态环境保护坚决打好污染防治攻坚战的意见》。这些顶层设计都明确了中国中长期的环境治理目标，提出了具体措施，为全国生态的综合治理打下了基础。各地方、各行业通过贯彻上述规划和意见，有针对性地就本地区、本行业的相关工作提出方案加以实施。总体看，中国生态环境正在逐步趋好。三是深入推进农村人居环境整治。2018 年 1 月，中共中央、国务院印发《关于实施乡村振兴战略的意见》，其中明确提出农村人居环境整治三年行动计划，以农村垃圾、污水治理和村容村貌提升为主攻方向，稳步推进农村人居环境突出问题治理。到 2020 年，全国农村卫生厕所普及率超过 68%，生活垃圾进行收运处理的行政村比例超过 90%，全国农村生活污水治理率达 25.5%。[①] 整治后，村庄的“脏乱差”问题得到初步解决，农村居民的获得感、安全感和幸福感不断增强。

① 国务院新闻办：《全国建成小康社会：中国人权事业发展的光辉篇章》，《人民日报》2021 年 8 月 13 日。

三

以治理现代化支持和推动经济体系建设

（一）经济现代化目标的演进过程

1945 年在中共七大上，毛泽东主席在《论联合政府》一文中首提工业化和农业近代化，强调："在新民主主义的政治条件获得之后，中国人民及其政府必须采取切实的步骤，在若干年内逐步地建立重工业和轻工业，使中国由农业国变为工业国"，"中国工人阶级的任务，不但是为着建立新民主主义的国家而斗争，而且是为着中国的工业化和农业近代化而斗争。"① 这最早明确了中国经济建设的目标是以工业化为基本特征的经济现代化。

中华人民共和国成立以后，1953 年正式提出的过渡时期总路线更清楚地指出："党在这个过渡时期的总路线和总任务，是要在一个相当长的时期内，逐步实现国家的社会主义工业化，并逐步实现国家对农业、对手工业和对资本主义工商业的社会主义改造。"② 也就是说，实现工业化是社会主义改造的根本目的。

同时，过渡时期总路线还阐释了实现工业化的重要意义，即："在革命胜利后，我们党和全国人民的基本任务就是要改变国家的这种经济状况，在经济上由落后的贫穷的农业国家，变为富强的社会主义的工业国家。这就需要实现国家的社会主义工业化，使我国有强大的重工业可以自己制造各种必要的工业装备，使现代化工业能够完全领导整个国民经济而在工农业生产总值中

① 毛泽东：《论联合政府》，《毛泽东选集》（第三卷），人民出版社 1991 年版，第 1081 页。

② 《为动员一切力量把我国建设成为一个伟大的社会主义国家而斗争——关于党在过渡时期总路线的学习和宣传提纲》，中共中央文献研究室编：《建国以来重要文献选编》（第四册），中央文献出版社 1993 年版，第 701 页。

占居绝对优势，使社会主义工业成为我国唯一的工业。实现国家的社会主义工业化，就可以促进农业和交通运输业的现代化，就可以建立和巩固现代化的国防，就可以保证逐步完成非社会主义经济成分的改造。实现国家社会主义工业化就可以大大发展社会主义的商业，大大加强工农联盟，并且大大提高国家的经济财政力量和人民的收入，使全体人民的物质和文化生活水平可以有把握地、不断地提高。”① 这段论述指出工业化对于全部产业的现代化具备重要的引领和支持作用，并能为国民经济的长期可持续发展提供动力。可见，在中华人民共和国成立初期，中国在制定发展目标时已经着眼于整体经济的现代化，而其战略入手处则落在工业化上，以工业，特别是重工业作为经济起飞与发展的引擎。

1964 年在第三届全国人民代表大会第一次会议上，周恩来总理在《政府工作报告》中进一步正式提出“四个现代化”的目标：“关于今后发展国民经济的主要任务，总的说来，就是要在不太长的历史时期内，把我国建设成为一个具有现代农业、现代工业、现代国防和现代科学技术的社会主义强国，赶上和超过世界先进水平。为了实现这个伟大的历史任务，从第三个五年计划开始，我国的国民经济发展，可以按两步来考虑：第一步，建立一个独立的比较完整的工业体系和国民经济体系；第二步，全面实现农业、工业、国防和科学技术的现代化，使我国经济走在世界的前列。”②“四个现代化”目标和“两步走”战略的提出对于中国现代化理论的发展具有重要的创新意义。这是中国共产党在

---

① 《为动员一切力量把我国建设成为一个伟大的社会主义国家而斗争——关于党在过渡时期总路线的学习和宣传提纲》，中共中央文献研究室编：《建国以来重要文献选编》（第四册），中央文献出版社 1993 年版，第 704 页。

② 周恩来：《政府工作报告》，中共中央文献研究室编：《建国以来重要文献选编》（第十九册），中央文献出版社 1998 年版，第 483 页。

经历了建国初期的摸索和挫折后，总结经验教训并调整发展思路，从而得出的一系列更全面、更合乎发展规律的现代化目标。其中对科学技术现代化的强调，以及“四个现代化”“同时并进，相互促进”的要求，都体现了追求高质量均衡发展的思想，是对20世纪50、60年代在经济建设中片面追求工业化、激进追求发展速度等问题的理论纠偏。

“文革”结束后，邓小平等领导人先后强调要发展生产力，重提“四个现代化”任务，指出“这就是大局”①。在此基础上，邓小平提出“要实现现代化，关键是科学技术要能上去”②，重点抓科技和教育。此后，中国逐步开始改革经济管理体制、实行对外开放、农业推行联产承包责任制等，着眼于解放和发展生产力，将工作重心转移至现代化建设上来。在这一系列的理论和实践创新过程中，现代化建设的发展目标也随之作出相应调整，确立了“小康社会”的有中国特色的社会主义现代化发展目标。1979年，邓小平在会见日本首相大平正芳时指出：“我们要实现的四个现代化，是中国式的四个现代化。我们的四个现代化的概念，不是像你们那样的现代化的概念，而是‘小康之家’。”③“小康社会”目标的提出是与社会主义初级阶段理论相适应的，反映了党在推进中国现代化的过程中因时制宜、尊重经济客观发展规律的科学态度。在这种认知下，1987年中共十三大提出现代化建设分“三步走”的战略部署：“第一步，实现国民生产总值

---

① 邓小平：《全党讲大局，把国民经济搞上去》，《邓小平文选》（第二卷），人民出版社1994年版，第4页。

② 邓小平：《尊重知识，尊重人才》，《邓小平文选》（第二卷），人民出版社1994年版，第40页。

③ 邓小平：《中国本世纪的目标是实现小康》，《邓小平文选》（第二卷），人民出版社1994年版，第237页。

比一九八〇年翻一番，解决人民的温饱问题。这个任务已经基本实现。第二步，到本世纪末，使国民生产总值再增长一倍，人民生活达到小康水平。第三步，到下个世纪中叶，人均国民生产总值达到中等发达国家水平，人民生活比较富裕，基本实现现代化。”[①] 这一战略构想体现了党对现代化认识的不断深化，既立足于当时的国情，又为未来现代化理论和实践的发展留下了充分的空间。

20 世纪 90 年代，中国在现代化建设的目标下建立了社会主义市场经济体制，并成功实现现代化建设的第二个目标，使人民生活总体上达到小康水平。因此，2002 年中共十六大进一步树立全面建设小康社会的现代化发展目标，指出：“我们要在本世纪头二十年，集中力量，全面建设惠及十几亿人口的更高水平的小康社会，使经济更加发展、民主更加健全、科教更加进步、文化更加繁荣、社会更加和谐、人民生活更加殷实。这是实现现代化建设第三步战略目标必经的承上启下的发展阶段，也是完善社会主义市场经济体制和扩大对外开放的关键阶段。经过这个阶段的建设，再继续奋斗几十年，到本世纪中叶基本实现现代化，把我国建成富强民主文明的社会主义国家。”[②] 这一框架使社会主义现代化的内容更为丰富，从经济领域扩展至政治、文化、社会等层面，同时细化了现代化建设的第三步战略，使其更加层次化、阶段化而具备了较强的实践意义。在全面建设小康社会的目标下，21 世纪中国的经济建设强调可持续发展，注重对市场体制和国有

① 《沿着有中国特色的社会主义道路前进》，中共中央文献研究室编：《十三大以来重要文献选编》（上），人民出版社 1991 年版，第 16 页。

② 江泽民：《全面建设小康社会，开创中国特色社会主义事业新局面》，《江泽民文选》（第三卷），人民出版社 2006 年版，第 543 页。

企业的改革，并全面推进农业现代化，探索政治现代化。

2007年中共十七大提出了科学发展观的战略思想，并从增强发展协调性、扩大社会主义民主、加强文化建设、加快发展社会事业、建设生态文明几个方面进一步明确了全面建设小康社会的要求。2012年中共十八大更就这些目标作出了新的扩展，如在经济领域，指出小康社会的内涵是："经济持续健康发展。转变经济发展方式取得重大进展，在发展平衡性、协调性、可持续性明显增强的基础上，实现国内生产总值和城乡居民人均收入比二〇一〇年翻一番。科技进步对经济增长的贡献率大幅上升，进入创新型国家行列。工业化基本实现，信息化水平大幅提升，城镇化质量明显提高，农业现代化和社会主义新农村建设成效显著，区域协调发展机制基本形成。对外开放水平进一步提高，国际竞争力明显增强。"① 可以看到，这些要求较之此前的表述更为细化，其中一些条目甚至可以通过量化指标直观监测。这说明中国对经济现代化的认识不断加深、渐趋全面。

同时，中共十八大报告中还提出了"坚持走中国特色新型工业化、信息化、城镇化、农业现代化道路，推动信息化和工业化深度融合、工业化和城镇化良性互动、城镇化和农业现代化相互协调，促进工业化、信息化、城镇化、农业现代化同步发展"②的"新四化"目标。"新四化"包含了经济现代化的重要内容，是对社会主义现代化建设传统的一次更新和发展。

---

① 胡锦涛：《坚定不移沿着中国特色社会主义道路前进　为全面建成小康社会而奋斗——在中国共产党第十八次全国代表大会上的报告》，《人民日报》2012年11月18日。

② 胡锦涛：《坚定不移沿着中国特色社会主义道路前进　为全面建成小康社会而奋斗——在中国共产党第十八次全国代表大会上的报告》，《人民日报》2012年11月18日。

早期的现代化建设以工业化为核心，而以农业、科技、国防现代化为重要组成部分，这一方面是由于在中华人民共和国成立初期中国仍处在农业国向工业国转型的阶段，在产业构成上以农业为主，因此实现经济起飞要靠工业特别是重工业来拉动，由政府集聚起工业化生产所需的各类要素，为现代化提供初始动力。另一方面，则是因为改革开放以前经济发展的技术背景仍然是两次产业革命所带来的机器工业，所以在经济领域集中发展大规模工业生产就成为走向现代化的必由之路。到改革开放以后，随着西方新技术革命的浪潮传入国内，中国开始在现代化战略中逐步强化科学技术的地位，明确“科学技术是第一生产力”，重视通过发展科技来加速现代化的实现。而进入 21 世纪，面对中华人民共和国成立以来经济建设所取得的重大生产力成就，以及在政治、文化、社会各个领域中出现的进步，中国的现代化目标逐渐纳入了更为全面和具体的要求，规划的层次性和可实践性都不断提升，这表明中国的发展已步入新的阶段，社会各界正期盼一个全方位现代化社会的来临。同时，当前新一轮的科技革命与产业革命正在对经济、社会乃至生活产生深刻影响，现代化理论的发展不能刻舟求剑，而是应当把握时代趋势，体现人类科学技术发展的新成果。“新四化”目标正是在新的国情和科技、产业背景下，为经济现代化建设调整和补充了新的内涵。

在中共十九大报告中，习近平总书记继承并发展了党在现代化理论上的长期探索，提出了更具系统性的“建设现代化经济体系”的战略性目标。这是党在中华人民共和国成立近七十年、改革开放近四十年以来所取得的巨大经济成就基础上，在当前新技术革命、产业革命的背景下，对经济现代化的任务和目标作出的新的诠释。因此，建设现代化经济体系是未来中国经济建设的总纲领，也是实现经济治理现代化的核心要求。

（二）建设现代化经济体系与经济治理现代化的关系

在2013年十八届三中全会提出国家治理体系和治理能力现代化目标后，经济现代化与治理现代化就被共同置于建设中国特色社会主义现代化的全景视阈之中。建设现代化经济体系对于治理现代化的实现具有重要的基础性意义。习近平总书记对此指出："只有形成现代化经济体系，才能更好顺应现代化发展潮流和赢得国际竞争主动，也才能为其他领域现代化提供有力支撑。"①

从生产力与生产关系相互作用、相互结合的角度来看，现代化经济体系既涵盖生产力层面的科技进步、产业发展等经济内容，也包括生产关系层面的经济体制、经济治理内容。因此，建设现代化经济体系不仅是推进经济治理现代化的生产力基础，还包含了经济治理现代化的生产关系内涵，有利于促进经济领域各项制度机制和法律法规的科学和完善，并使国家对经济事务的管理趋向制度化、科学化、规范化、程序化。

具体而言，现代化经济体系是由社会经济活动各个环节、各个层面、各个领域的相互关系和内在联系构成的一个有机整体，其建设重点包括如下七个体系：

一是建设创新引领、协同发展的产业体系，实现实体经济、科技创新、现代金融、人力资源协同发展。

二是建设统一开放、竞争有序的市场体系，实现市场准入畅通、市场开放有序、市场竞争充分、市场秩序规范。

① 习近平：《论坚持全面深化改革》，中央文献出版社2018年版，第420页。

三是建设体现效率、促进公平的收入分配体系，实现收入分配合理、社会公平正义、全体人民共同富裕，推进基本公共服务均等化，逐步缩小收入分配差距。

四是建设彰显优势、协调联动的城乡区域发展体系，实现区域良性互动、城乡融合发展、陆海统筹整体优化。

五是建设资源节约、环境友好的绿色发展体系，实现绿色循环低碳发展、人与自然和谐共生。

六是建设多元平衡、安全高效的全面开放体系，发展更高层次开放型经济，推动开放朝着优化结构、拓展深度、提高效益方向转变。

七是建设充分发挥市场作用、更好发挥政府作用的经济体制，实现市场机制有效、微观主体有活力、宏观调控有度。①

上述领域的建设涉及在所有制结构、市场经济体制、分配制度等生产关系层面及相关的行政、法治、价值观念等上层建筑层面深化改革，其中的关键问题与举措也正是国家治理现代化所关注的内容。

第一，产业体系的革新与完善需要政府与市场主体之间形成治理思维下的平等共建关系，政府以提供公共产品和公共服务为主，最大限度地促进市场机制高效运转，使产业间及产业内部的资源配置实现充分、有效。

第二，市场体系的建设要求政府的角色定位由传统的单向管理转变为现代的多维度、多元化治理，参与方式由行政干预转变为制度建设、秩序监管、法律执行等，以减少由政府权力所带来的市场壁垒、交易摩擦、行业垄断等问题，提升市场的开放性、

① 习近平：《论坚持全面深化改革》，中央文献出版社 2018 年版，第 421—422 页。

（三）从生产力角度引领现代产业体系建设的治理思路

从经济学角度来看，政府在产业的发展与革新过程中主要起到两方面重要职能：一是弥补市场在公共品、准公共品等领域的失灵，运用规划、补贴等政策手段，引导资源向具有社会正外部性的产业流动；二是保障各市场主体享有公平、开放的市场地位与效率较高而摩擦较少的市场环境，从而使市场机制能够有效运转，推动资源自发流向高增长、高效率的产业。

实际上，相较传统的行政管理模式，现代治理理念在经济学意义上更有利于政府履行以上两方面职能。因为行政管理易带来政府垄断和权力集中问题，进而导致市场资源配置扭曲和公共领域效率低下，而治理则强调政府的服务角色与市场运行的效率性，有助于企业建立主体性和价值规律、竞争规律作用的发挥。然而，在中国产业结构演进的过程中，早期由于经济处在起飞和走向成熟的阶段①，需要较高的积累水平，以投资拉动增长，而传统由上至下的管理方式恰好能以较高效率组织起生产要素的集聚，因此对于中华人民共和国成立后恢复发展生产、初步建立工业体系以及改革开放后金融、地产等行业的崛起，以及基础设施建设的发展等都起到过重要作用。但随着产业体系的不断升级和完善，第三产业、新兴产业、民营经济等领域的成长皆需要政府

---

① 罗斯托运用经济史学的归纳方法，将工业化进程中的经济社会发展分为六个阶段，即传统社会阶段、准备起飞阶段、起飞阶段、走向成熟阶段、大众消费阶段（后又补充了追求生活质量阶段）。从准备起飞阶段到走向成熟阶段，社会需要较高的积累和投资水平来带动经济增长。而到达大众消费阶段以后，经济发展的动力逐渐由投资转向消费。

一方面放松管制，另一方面为其提供长期、健康发展所需的适当规范和支持，可见治理体系与治理能力现代化在生产力层面的意义正日益凸显。

1. 当前产业体系正处在革新的关键时期

改革开放40余年以来，中国的经济持续高速增长，已取得社会主义现代化经济建设的历史性成就。据统计，1979年至2019年间，中国国内生产总值年均增长率高达9.4%。到2019年，全年国内生产总值已达到990865亿元，人均国内生产总值70892元，较改革开放初期皆增长了百倍以上。①

从经济结构来看，在改革开放40余年的发展历程中，第二产业作为中国经济长期高速增长的主要引擎，从20世纪80年代至2014年以前一直为国民经济贡献了最大份额。而中国制造业产出在世界所占的份额也不断扩大。1990年时中国制造业占全球比重仅为2.7%，到2010年这一占比已提高到19.8%，跃居世界首位，此后连续多年稳居世界第一。② 从改革开放前的工业产品生产能力相对不足到今天的已成为全球唯一拥有联合国产业分类中所列全部工业门类的“第一制造大国”，中国经济的起飞离不开工业化的拉动作用。

---

① 中国国家统计局：《中华人民共和国2019年国民经济和社会发展统计公报》，中国国家统计局网站2020年2月28日；国家统计局编：《中国统计年鉴2020》，中国统计出版社2020年版，第5页。

② 丁亦鑫：《统计局：中国制造业总量连续多年稳居世界第一》，人民网2018年9月4日。

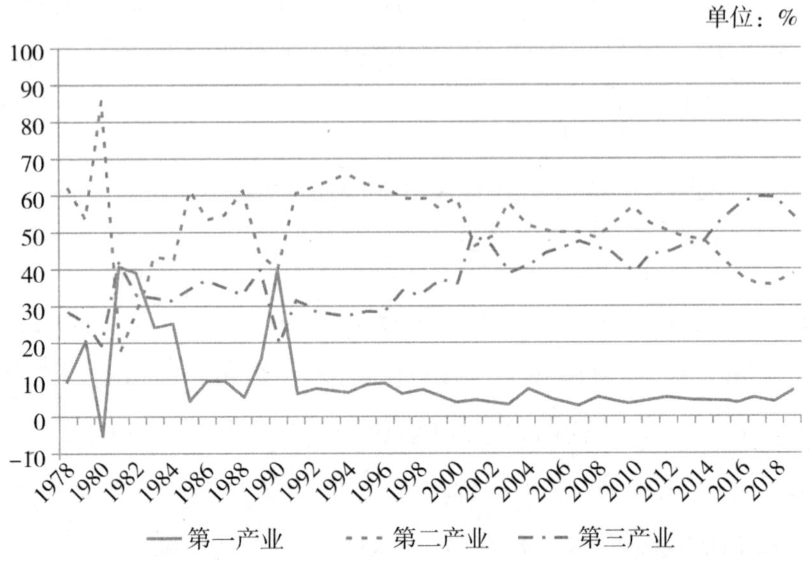

图 3　1978—2019 年三大产业对中国国内生产总值贡献比率

数据来源：国家统计局编：《中国统计年鉴 2020》，中国统计出版社 2020 年版，第 67 页。

工业化是现代化的核心内容，其内涵不仅在于工业产值比重与工业就业人数比重的持续上升，还包括工业产业结构的不断升级以及整个经济中产业结构的发展、演进。因此，在工业化发展取得一定的数量成就之后，产业体系会相应出现重大的调整与变动。2014 年后，中国第三产业对国内生产总值的贡献比重开始超越第二产业，成为经济增长的首要动力。在工业产业内部，2019 年高技术制造业和装备制造业占规模以上工业增加值比重分别为 14.4% 和 32.5%，表示新兴产业和技术、知识含量较高的产业比例有所扩大，工业内部结构正在得到优化。[①]

① 中国国家统计局：《中华人民共和国 2019 年国民经济和社会发展统计公报》，中国国家统计局网站 2020 年 2 月 28 日。

但是，当前中国产业体系中还存在着若干结构性问题。首先，实体经济发展趋缓，增长动力出现弱化。2019 年中国规模以上工业企业利润总额较上年下降 3.3%，特别是钢铁、化工、汽车、石油加工行业利润下降明显。[①] 实体经济面临成本高企、资金短缺、技术限制等问题，经营和转型都存在一定困难。同时，由于实体经济相对于虚拟经济回报率下降以及部分产业存在产能过剩问题，大量资本向虚拟经济领域流动，经济出现“脱实向虚”风险，对中国经济社会的健康、稳定发展形成一定威胁。

其次，许多产业处于国际价值链的中低端，生产和服务仍带有粗放发展特征。中国的制造业虽然在产能上高居全球之冠，但生产却还处在重制造、轻设计的低水平价格竞争阶段，不注重品牌建设，自主品牌的市场认可度较低，还有相当一部分企业仅仅为国际品牌进行贴标生产。这类劳动力密集型或资源密集型产业，在国际分工链条中本就属于利润相对薄弱的环节，近年来随着国内劳动力成本上升和资源短缺加剧，传统的竞争优势渐趋减弱。目前，部分制造业企业已开始向东南亚等地转移，美国等发达国家也推出了再工业化战略以重振本国制造业，中国企业面临的竞争环境不容乐观。

再次，服务业发展相对滞后。现阶段中国第三产业已经取代第二产业成为拉动国民经济增长的主要动力，这表明中国已进入服务业主导的经济发展阶段。但是，当前中国服务业仍然存在传统服务业比重过大，教育、医疗等生活服务供给不足，生产性服务业发展不充分等问题，且服务业劳动生产率远低于工业生产率，可能会进一步影响技术与人力资本等要素向服务业流入以及

① 陈炜伟：《2019 年全国规模以上工业企业利润超 6 万亿元》，新华网 2020 年 2 月 3 日。

整个国民经济效率的提升。

最后，技术、资金、人力资本等要素在各行业中存在不足及错配。当前中国在基础研究领域一方面投入严重不足，致使人才大量流失，研发能力被削弱，在高科技竞争中还存在不少短板；另一方面由于科技创新机制僵化，科技成果向应用领域转化渠道不畅，导致科研与产业链脱节严重。在资金配置上，实体企业特别是中小企业普遍面临着融资难、融资成本高的问题，金融体系对实体经济的支持力度不足，且偏向于传统领域的大型国有企业，未能为新兴产业和中小企业形成有效服务。在人力资本方面，目前由于人才培养机制存在结构性失衡，各行业回报率差异显著以及体制、区域之间存在人才流动壁垒，大量优秀人才未能进入实体经济领域，导致从事科研创新和新兴产业的人才不足，人口资源无法有效转化为支撑产业升级的人力资本优势。

上述结构性问题的出现表明中国产业发展已进入关键性节点。随着工业化建设所带来的巨大增量成就，中国的传统产业，包括传统农业、传统工业和传统服务业，都在数十年高速增长后步入成熟期，其中不少产业正面临产能过剩、边际生产率提升困难、技术逐渐落后等境况。同时，中国人民收入的增长以及对资源、环境保护意识的提高又使得传统产业所需的劳动力成本与资源价格皆不断上升，利润空间进一步被压缩。作为一个开放经济体，产业发展的瓶颈不会自然推动传统产业向新兴产业升级，反而可能因市场规律的作用而出现产业外迁、经济增长停滞的局面，致使整个经济陷入一种结构性陷阱，即所谓的“中等收入陷阱”。因此，为避免和摆脱这种结构性陷阱，一方面，产业创新须由国家引领，从生产关系和上层建筑层面解放思想、深化改革，作出系统性部署，构建要素流动和产业高效发展的协同机制。另一方面，国家应维护产业创新所需的良好营商环境，使资本、技术、人才等要素能实现充分流动，从而保证新兴产业的创生与发展得到最大资源支持。可以说，产业革新的关键时期也正是政府推动治理现代化改革的关键节点，产业革新的成功离不开现代化治理体系与治理能力的保障与支持。

2. **引领产业创新，促进资源向重点领域流动**

建设现代产业体系的核心在于创新。美国学者阿伯内西（Abernathy）和厄特巴克（Utterback）① 构建的“A－U 模型”指出，产业的演化和发展来自于包括产品创新、工艺创新在内的技术创新不断迭代的动态过程，这个过程即是产业创新的过程。要推动产业创新、实现产业跨越式发展，通常需要把握合宜的创新时机与发展方向，依靠自主创新或模仿创新的方式，作出根本性的技术创新。中国在过去数十年的发展中，产业的建立与升级既有自主创新的作用，也采用了大量来自模仿创新的成果。特别是在家电、计算机、互联网等行业中，中国都利用模仿创新的方式实现了更新换代，使得行业发展进入世界先进行列。但是，中国无论从人口、经济、文化还是国际政治影响力上都属大国，在经济起飞的初期虽然可以部分采取模仿创新方式获取后发优势，实现产业的快速追赶与跨越，长期来看却不能过多依赖外部技术的引入，而是要形成自主创新能力。特别是随着中国的崛起，发达国家正在加强针对中国的技术壁垒，中国势必要走上通过自主创新推动产业体系现代化的艰难征程。

在人类社会发展的历史上，产业体系的每次重大变动都来自于技术革命的推动。当前适逢 21 世纪新科技革命和产业革命的

① W. J. Abernathy & J. M. Utterback. Patterns of Industrial Innovation, *Technology Review*, 1978, 80(7), pp. 40－47.

关键契机，人工智能、物联网、大数据分析、新能源、智能制造等以智能化、信息化、数字化为核心的新生产方式的建立为产业体系的调整和升级提供了技术支持。在新的生产方式下，新产业、新业态、新模式将随之兴起，传统的三大产业也将向高质量、高效益、高增加值的现代产业体系转型。面对产业发展的上述趋势，中国需要把握住当前科技创新与新科技革命的历史性机遇，在发挥市场对投资、创业、人才培养、应用研究等方面主体性作用的同时，政府更应营造良好的创新环境，积极引导要素配置，推进产业升级，并对具有强烈社会外部效益的领域予以政策关注与倾斜。

如在人才培养领域，应改革教育体系，使人力资本的培养过程能够适应传统产业升级、新兴产业发展的不同层次需求。一方面要增加专业技能型人才，提高中职、高职教育水平，推动部分普通高校向应用型学府转变，鼓励大企业参与职业教育培养过程，为现代产业增添人力资本储备。另一方面要支持高层次的研究型和创新型人才培养，通过“强基计划”等方式为基础学科和关键领域选拔优秀人才，并为科研人才的培养提供一流的学术环境和流畅的发展路径。

在研发领域，一是要进一步增加基础研究投入，改革当前科研体制中诸如成果考核、职称评定和薪酬管理制度等环节中僵化和不合理部分，打破人才向科研领域流动的制度性障碍；二是依靠政府力量集合高校、科研院所中的优秀科研人才和行业领军企业中的技术人才针对医药、芯片等产业的重点领域、重点课题开展关键核心技术攻关，以提升产业的国际竞争力，维护经济、社会稳定，保障人民健康与生命安全；三是支持部分科研机构推进市场化改革，打破现有的经费管理模式，使科研成果能够转化为实际经济绩效，打通科研机构与企业、市场之间的成果流通渠道；四是为海外高层次科研人才的回流和引入提供政策优惠和支持，加强与国际一流院校、研究机构和企业的合作，吸引跨国公司来华设立研发中心。

在产业统筹上，国家应推出合理的产业政策，在全社会范围内强化对实体经济的重视，特别是引导收入分配向实体经济调整。在金融领域，目前中国存在社会资金与产业需求之间无法对接或错配问题，金融结构性矛盾凸显。因此，对金融部门的监管和调控政策应促进社会资本与信贷资源向效率较高、更符合经济可持续发展要求的领域和部门流动，引导金融市场、金融机构服务于实体经济发展、升级的需要，具体措施包括提高直接融资比重、鼓励中小金融机构为中小企业提供服务、推动金融产品创新等。

在货币政策方面，不仅应在维持物价水平稳定的基础上，灵活运用多种货币政策工具，逐渐引导贷款利率下行，降低实体经济的融资成本，稳定市场价格与供应。同时，还要在信贷投向上加大对基础设施建设项目、新基建、民生工程等领域的支持力度，支持居民的消费升级需求和民营企业、小微企业发展。

从财政政策角度，可以通过更为积极的财政政策拉动内需增长，包括加大地方政府专项债的发行力度，使资金向重点地区、重点项目和重大民生工程倾斜，以有效投资带动更大的社会效益和社会需求。例如，针对目前信息技术升级的新趋势，财政政策对5G、人工智能、大数据、智慧城市建设等新基建项目的支持有利于培育相关产业的成长，为信息行业的未来增长奠定配套基础。

另外，针对新兴领域，国家在加大配套设施的建设力度之余，还需完善相应的监管和规范措施，对行业发展予以引导。如在信息领域要强化对网络平台的监督和治理，加强信息监管，保护居民信息安全，规范网络交易行为与定价机制。又如在高端消费领域，应着力引导供给侧进行相应调整，加强产品质量和安全管控，提升国产商品和服务的质量与竞争力，尽快完善相关行业和产品标准，以培育优质的自主品牌。在新能源行业，则可以针对重点领域实行税收优惠、购置补贴、“以旧换新”等促进消费政策，并对相关行业放宽市场准入、鼓励民营机构参与竞争，引导更多企业进入生产。

从理论上来看，创新产业的建构与成长是对经济中生产力和生产关系各项因素的一次重构，通过要素的重新组合而涵育出复杂经济系统中新的发展动能，从而使经济摆脱旧动能的衰减过程，获得新的增长前景。这个过程是作为复杂系统的经济中各种因素相互作用的一个新的发展阶段，其结果在很大程度上要依赖于经济系统中契约、规则、制度、惯例这类环境条件所形成的结构。而治理现代化正是调整上述条件以改善系统内在结构的一种探索。在创新的发生和推进中，除了传统的市场主体——企业外，高校、科研院所、政府也同是创新链条上的重要环节，其创新职能的履行需要相关的政策、福利等为其提供支持和保护。各类创新要素包括研发、生产、基础设施、金融等的结合，亦需要政府进行规划和牵头，甚至参与供给，以保证创新主体之间能够协同，创新路径能够流畅运转。因此，产业革新的实现有赖于一整套创新生态系统的构建，既要求在教育、研发、规划、宏观调控、监管等具体领域深化体制和机制改革，又需要治理理念和治理系统的更新，由复杂系统、复杂生态的视角促进多元创新主体之间的联动，把整体经济打造成为一个创新系统、创新生态以及创新共同体。

3．完善营商环境，为产业创新提供良好的外部支持

营商环境是企业、机构、个人等市场主体和社会主体所面临的综合性环境。国家应为市场主体提供公平、稳定、便利的投资和运营环境，使企业和个人能够在所处环节上充分发挥自身的市场职能。这是治理现代化在经济领域能够达成的一项基本要求。《2019 中国城市营商环境报告》将营商环境的评价指标划分为硬环境和软环境两类，其中硬环境包括自然环境和基础设施环境两方面，软环境则包含技术创新环境、金融环境、人才环境、文化环境、生活环境五项。

硬环境中的自然环境以气候条件和地理条件为内涵，体现了企业和居民在生产与生活中对生态环境的要求。长期以来，中国在环境治理中更多地以政府管理为主，虽然环境污染治理投资额不断增加，但环境污染和生态破坏问题的改善依然缓慢。在治理现代化的理论框架下，中共十九大提出要“构建政府为主导、企业为主体、社会组织和公众共同参与的环境治理体系”，在环境治理领域构建起一种多元共治的格局。一方面，要依靠市场机制引导企业自行担负起主体责任，为企业提供相应的补贴政策和环境技术支持，并用政策和金融手段扶持、促进环保产业发展。另一方面，则需要健全公众参与环境治理的机制，推动环境信息公开，接受公众监督。譬如近年来中国对雾霾的治理就展现了这种多主体合作治理的特征，即以政府为主导推动产业转型、调整市政布局、协调区域合作、实行政策补贴与约束，非营利组织和社会团体参与调研、调查，并组织社会力量投入监督和治理，企业接受社会监督和政策引导，促使生产逐步转向清洁能源等技术与产业应用，而公众则积极对治理工作进行监督和反馈，如此就形成了各主体间良性互动、平等共建的新治理模式。

硬环境的另一项要素是基础设施建设。基础设施包括交通、邮电、能源、市政设施、民生设施等项，具有典型的公共品性质，对生产力发展和居民生活的正外部性极大，有助于推动生产要素的空间流动和集聚。基础设施的公共品属性决定了基础设施建设通常由政府推动和承担，政府作为基础设施的供给主体，决策应基于经济与社会总效益，不仅要扩大供给规模，还要尽可能优化供给绩效。然而，基础设施建设同时也是宏观调控中财政支出的主要领域，承担着扩大投资以拉动经济增长的经济职能。在如上双重目标的作用下，目前中国的基建投资虽发展迅速，投入力度与建设规模皆位居世界前茅，在能源供给、交通路网、信息网络等方面都取得了显著的成就，但也存在着供给结构不合理、供需不匹配、重复建设严重、无效供给较多等问题，基建投资的经济与社会绩效都仍有较大的提升空间。对此，应借助现代治理思路从供给方式上进行创新，如继续坚持采用 PPP（政府与社会资本合作）、专项债等模式将社会资本与市场机制引入公共供给领域，对基建项目的投资与运营实行更全面的绩效管理与绩效评价，政府由全权主导向提供规划引导、政策支持、监管支持等服务性职能转变。上述转变的核心在于政府角色的转换，从政府全权主导转向政府与市场合作共建，由此以市场的效率性补充政府在效率方面的不足，以社会资本的参与来拓宽融资渠道、提升管理水平，从而兼顾社会效益与经济调控两方面的目标。

此外，在当前技术革新的背景下，在传统的基础设施外，还涌现了以 5G、数据中心、新能源、工业互联网等为代表的大量新基建需求。这类新基建对中国的产业升级和新经济增长点的培育都有着重大的正向效应，目前不仅在国家层面已得到重点强调，同时亦在很多层面部署落实。但这类项目需要与相关产业、企业以及居民生活方式实现深度结合，才能发挥最大效益。因此，对适合进行市场化运营的领域，应鼓励民间资本参与其中，而政府则以维护市场机制的运行为主，通过制定规划布局、行业标准等方式发挥作用。针对各地区不同的经济发展水平、人口情况和财政情形，也应因地制宜，分城、分区域选择不同的基建项目和规模，在保证基本发展与地区公平的基础上提升资源配置效率，避免加重地方债务压力、造成资源浪费。

软环境所涵盖的创新、金融、人才、文化、生活等因素既是企业进行投资、创新和发展所需的要素条件，也代表吸引人才流入的综合支持力度。这些软环境要素的背后实质上是对政府自身深化改革的要求。国家治理能力现代化要求政府能够提供高效率的公共服务，向公共服务型政府转变。对此，中国应首先继续深化行政审批制度改革，再通过深化机构改革、推进简政放权、提高政务服务水平，从而为企业和居民提供高效的政务环境，提升政务服务的便利性。其次，中央与地方需处理好事权划分关系，建设全国政务服务一体化平台，使全国范围的大营商环境与各地方的小营商环境之间能够相通相容，切实降低企业与居民跨地区办事的壁垒和成本。再次，应优化财政支出结构，并对部分国有资产进行优化配置，以为社保资金的补充和减税降费的推进创造条件，进而改善公共服务质量，尽可能打造轻税负环境，吸引更多的人才和资金流入。最后，需要加强制度建设，降低制度性交易成本，注重治理的规范化、法治化。

实际上，营商软环境建设本身即是治理现代化思想在经济层面的重要应用。营商环境提升的关键在于政府、市场与社会的多元治理主体之间能够彼此协同，取得良好的公共治理效果，使生产力发展获得充分的公共服务支撑，并尽可能地减少影响企业生产效率的外部制约因素。在中国推进治理体系和治理能力现代化的背景下，地方政府的经济职能也应由改革开放后招商引资的传统方式转向更具现代性的优化营商环境的治理模式。在行为主体上，引入司法机关、社会组织、金融机构等多元组织参与其中，有别于过去由政府单一主体主导的方式。在作用对象上，营商环境的打造对不同企业和居民具有平等性，不再像招商引资那样有选择地只针对部分企业。在实施过程中，建设良好的营商环境也不能仅靠提供特定的优惠政策来达成，而是要从行政、司法、制度、文化等多方面综合提升政策软环境，为企业和居民做好服务，在尊重市场规律的前提下吸引要素流入，以促进企业实现更高生产效率。

（四）从空间治理视角构建城乡区域发展体系的治理思路

作为一个广土众民的大国，中国在发展经济和推行治理现代化过程中特别需要关注复杂的空间性所造成的政治、经济发展不平衡，财政、人口分布与流向不均，在规划和发展中行政区隔严重等问题。这种特殊的国情条件也决定了治理体系与治理能力的现代化既需因地制宜，针对不同的地区特点制定相应的改革方案，同时又要处理好中央与地方、城镇与农村、地区与地区之间的关系，从国家战略、安全、生态、经济、社会等多个方面实现城乡、区域、陆海体系的统筹发展。

1. 现代治理框架下的央地关系

国家治理能力的提升有赖于整个系统活力的释放，系统中各个环节的行为主体应具备主动性，且使行为目标及效率能够与整体协同一致。这一方面包含各主体对行为决策的适当自主能力，另一方面则来自于各主体与系统整体激励相容的行动积极性。在中国的政治经济大系统中，系统整体与局部间的这种关系集中体现在中央与地方政府的互动上。中央政府位于系统顶层，其目标往往是整体性的，决策出于宏观视角；地方政府则位居系统中下层，需要接受和执行中央的政令部署，但其行为目标和方式却高度针对所辖区域。另外，地方政府还是处在中央政府与社会、企业之间的一类特殊主体，既具有天然的政治属性，又是重要的市场参与者，身份和职能的多元性与重叠性使其在行为中面临着横向的竞争与纵向的约束。因此，地方政府对治理职能的履行受到地区发展水平、财政情况、政绩考核等多方面条件的制约，为改进治理有效性、增强系统运行活力，需要保障地方政府拥有因地制宜的治理创新积极性、适度的自主行为能力以及相应的激励和规范机制。

对地方政府职能履行和央地关系影响最为深刻的首先是财政因素。财政既是地方政府进行基础设施建设和提供公共服务的基础，决定了公共供给的规模，又是导致地方政府在地区间竞争并与中央开展博弈的主要原因。中国在改革开放以前，财政高度集中于中央，地方财政压力很大。1979 年后，中央开始了以财政包干为主要特征的放权改革：一是按照企业和事业单位的隶属关系，划分中央与地方的财政收支范围；二是在 1983 年“利改税”后，依税种将财政收入划分为中央财政固定收入、地方财政固定收入、中央和地方财政共享收入三类。这一系列改革使得地方政府获得了更大的自主权，调动了地方政府发展经济和地方国营企业生产经营的积极性。与此同时，改革也使得中央政府的财政收入比重从 20 世纪 80 年代中期开始持续下降，面临入不敷出的局面，需要靠发行货币和向地方借款来维持支出，严重制约了中央调控能力的发挥。因此，1994 年后分税制改革开始推行，主要内容涉及划分中央与地方的事权和支出，并根据事权与财权相结合的原则，按税种划分中央与地方的收入，以及确定中央财政对地方税收的返还数额。分税制改革使得财政体系的规范性、制度性皆大为提升，给中央和地方政府提供了相对稳定的财政收入预期，有利于缓解中央财政压力。但是，分税制也为央地关系带来了新的问题，其中最核心的是导致地方政府财政压力增大，财政收入无法有效覆盖支出责任，以至于地方政府不得不自行拓展财源。地方财政收支的这一矛盾正是近些年来央地博弈与地区间政府竞争的主线所在。

在分税制改革以后，地方政府具有了一定的财政收支自主权，财政相对独立，这就形成了所谓的“创造市场的准联邦制”[①]。地方政府出现“公司化”倾向，其目标函数和行为模式皆趋向经济实体，一方面在规范性授权之外通过其他合法途径寻求财政收入的增加，另一方面则在以 GDP 指标为主的政绩考核下尽可能地扩大建设投资。地方政府的预算外资金主要来自于行政事业单位的收费，而非预算收入的主体则是农业上的提留统筹与土地开发相关的土地转让收入，其中非预算资金是地方政府扩充财政收入的最重要方式。在分税制改革后的二十余年中，许多地方政府通过土地的征用、开发、出让而获取城镇化发展中土地的高额溢价，形成了严重的“土地财政”问题。据财政决算披露，2019 年国有土地使用权出让收入达到 70631.06 亿元，而地方本级一般公共预算收入为 101080.61 亿元，足见土地转让收入

---

① Barry R. Weingast. The Economic Role of Political Institutions: Federalism, Markets, and Economic Developments, *Journal of Law, Economics, and Organization*, 1995, 11(1), pp. 1 -31.

占地方政府收入的比重之高。[①] 而另一方面，由于中国地方政府的激励和约束主要来自于上级政府，官员在以晋升为目标的经济和基建考核压力下，大量通过融资平台发展投资项目，也积累了庞大的政府债务。截至 2020 年 11 月末，全国地方政府债务余额共计 255595 亿元，债务规模较大，偿债压力明显。[②]

2004 年以来，中国推进公共财政体系和现代财政制度建设，一方面调整税收收入在央地之间的分享比例和中央政府的转移支付结构，以缓解地方财政压力，如推行"营改增"，大幅提高地方分享增值税收入比重至 50%；另一方面进一步明确和细分中央与地方的财政事权划分，特别是在公共卫生、医疗保障等领域，针对不同地区制定差异化的地方财政分担比例，以促进公共服务在地区间的均衡。这些措施的推出有利于改善地方财政的收入情况，减轻地方政府的负担，但是仍未从根本上改变分税制所造成的地方政府"公司化"倾向，也尚不足以解决对当前中国社会造成全方位重大影响的"土地财政"和地方债务问题。

具体而言，"土地财政"是地方政府通过决定土地资源的使用方式以推动财政增长和经济发展的一种行为模式。地方政府对土地资源的配置主要包括三个部分：一是基于地方发展战略规划土地使用；二是完成由征地、拆迁、开发和拍卖等构成的土地出让流程，以协助土地使用权的转让；三是配合土地出让，提供城市发展和经济运行的相关基础设施和公共服务。"土地财政"实质上是分税制以来中国所形成的一套独特经济制度的综合反映，

---

① 《2019 年地方政府性基金收入决算表》，中华人民共和国财政部网站 2020 年 7 月 31 日；《2019 年地方一般公共预算收入决算表》，中华人民共和国财政部网站 2020 年 7 月 31 日。

② 《2020 年 11 月地方政府债券发行和债务余额情况》，中华人民共和国财政部网站 2020 年 12 月 24 日。

即通过征地和使用权出让界定土地产权，以增值税分成合约界定各级政府的权利，并以经济绩效为主考核地方政府。① 这套制度通过对土地产权的界定以及经济、财政激励，有效地建立起地方政府在经济发展中的主体地位，使其能够整合市场中各类经济主体和生产要素，有利于促进地区竞争与创新，取得较好的经济发展绩效。因此在近二十余年来的经济实践中，地方的“土地财政”行为与城市化进程深度结合，对中国城市建设中交通、通信、公共卫生、城市绿化等公共服务的提供起到了重要的推动作用，地方政府通过土地获得的收入增长也与地方经济发展、产业优化形成了高速的正向循环。可以说，“土地财政”是中国从 20 世纪 90 年代中期以来持续取得经济建设成就背后的一项基础性制度安排。但同时，这项安排的弊端也非常明显。在招商引资和基建项目的竞争中，地方政府对土地从规划到出让、建设的配置常常发生扭曲，造成土地资源的浪费。地方政府为通过土地转让获取更多收益，修改城镇规划、征用农民土地，导致土地得不到合理使用，有些地方重复建设或者出现“空城”的现象。同时，由于地方政府垄断土地一级市场供应，使得地价居高不下，进而推高房价，加剧了区域发展不平衡和社会财富分化问题，并且抑制了有效需求，致使实体经济发展和人才、技术等要素流动受到阻碍。

地方债务问题与“土地财政”也有着密切联系，地方政府以土地作为抵押物进行融资，并主要以土地收益偿还地方政府融资平台的债务，是地方政府隐性债务扩张的一条重要逻辑。地方政府投融资平台是指由地方政府及其部门和机构等通过财

① 朱巧玲、张明飞：《基于中国经济制度运行效率的土地财政评价》，《社会科学文摘》2020 年第 5 期。

政拨款或注入土地、股权等资产方式设立，承担政府投资项目融资功能，并拥有独立法人资格的经济实体。[①] 地方政府融资平台最初是作为绕开制度约束的一种金融创新而产生的，在地方政府不能发行债券的背景下，融资平台对于促进社会储蓄资金向投资转化，推动地方政府公共建设职能的市场化运作，优化国家投融资体系发挥了积极作用。然而，政府平台在运营过程中也出现了大量违规操作，很多项目的投资效率不高、偿付风险较高，并且由于政府的强势地位和平台财务信息缺乏透明度，使得金融机构难以有效实行评估和贷后监管，债务风险得不到有效把控。因此，多数平台公司的运营需要靠政府财政进行补贴，为地方政府累积了较高的债务风险。2016 年以后，随着中央监管力度的加强，地方政府被禁止为融资平台的新增债务提供兜底和担保，融资平台的政府融资功能被剥离，开始向市场化国有企业转型。但是，在融资平台新增贷款遭到限制后，地方融资平台先是通过银信、银证、银保和银行同业业务等方式，从表外渠道获得贷款，继而又采取 PPP 模式筹措资金，绕道获得银行借款，平台城投债的规模更是日益扩张。截至目前，地方融资平台的举债规模仍在持续增长，地方政府的隐性债务风险仍未得到有效抑制。例如，2020 年全年，城投债发行规模达到 44056. 82 亿元，净融资额为 16771. 09 亿元，皆创历史新高；截至 2020 年底，城投债的存量余额更是高达 10. 7 万亿元。[②] 而据估计，这一数字在 2021 年还将继续上升。

---

① 魏加宁：《地方政府投融资平台的风险何在》，《中国金融》2010 年第 16 期。

② 《4. 4 万亿新高后，城投偿债、发行压力隐现！坚持“城投信仰”?》，凤凰网 2021 年 1 月 10 日。

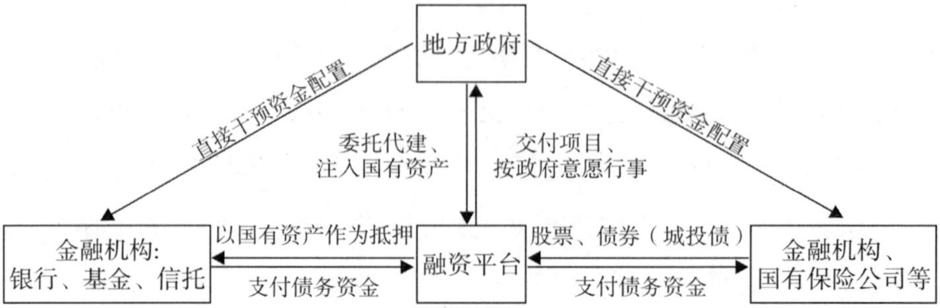

图 4　以融资平台为借道媒介下的隐性债务扩张①

在投融资平台债务之外，地方政府的债务还包括地方政府债券、信托公司的政信合作余额、BT（建设—转让）代建债务融资等项。但不论是哪类债务，地方政府的偿债能力目前都仍高度依赖财政收入和地产价格，债务风险来自于经济下行周期内税收收入下降的可能、房地产价格下行的可能、期限错配所带来的债券流动性问题、融资主体自身运作的问题以及投资风险等。在税收收入增长空间较为有限，且随着中国城市化进程的推展，可出让的土地数量逐渐减少，从土地增值中可获取的收益渐趋下降的背景下，数额庞大的地方债务正面临着严峻的偿还压力。在这些平台债务背后，牵系着地方政府，银行、信托、券商、保险公司等金融机构，以及与基建项目相关的地方国企和上市公司等主体。一旦土地交易遇冷，或经济出现下行，将会导致资产信用缩水，政府收入增长缓慢，从而政府和平台出现还债困难，只能将债务延期或置换，进一步加高杠杆、扩散风险。当前有许多地方债务在很大程度上就是以这种“借新还旧”的方式在维系信用。而从 2018 年以来，也已有一些地方融资平台出现了信托计划违

① 马万里、张敏：《中国地方债务缘何隐性扩张——基于隐性金融分权的视角》，《当代财经》2020 年第 7 期。

约、私募债违约、公开债技术性违约等情况，城投债的实质违约风险也有所增加。可见，“土地财政”和地方政府债务问题已严重威胁到中国金融体系和经济系统的安全，必须对其进行釜底抽薪式的改革。

“土地财政”与地方政府债务的成因是多方面的，从制度根源来看，其一，中国在政治体制上是单一制国家，地方政府没有税收立法权，但是财政却具备一定的独立性，形成了所谓的财政“准联邦制”。由于中国政府的“大政府”角色，地方政府在经济周期中还要肩负起保增长的任务，因此地方政府有动机利用手中掌握的土地资源和金融资源扩大基建投资，这就使得地方政府倾向于增加收入以支持更多的政绩，依靠财政的开源来获取与中央政府博弈的空间。在自上而下的政治体制中，地方官员的升迁主要依靠上级部门对其经济政绩的考核，并且向上级交出一份出色的经济建设成绩单。

其二，单一制的政治体制使得中国地方政府在借债中面临“预算软约束”，即一旦地方政府因财力不足而无法偿债，中央政府将负责偿还最终损失，故地方政府有突破原有预算限制的冲动。中国的中央政府与地方政府在政治、经济上皆属共同体，中国地方政府不可能像国外政府那样走向破产，因此中央政府无法真正履行预算硬化的承诺，而只能对地方进行救助和兜底。中央政府对地方政府的纵向约束主要依靠对干部人事任免权的掌握，但地方官员在不同岗位上的流动往往取决于其政绩的铺展，而债务的归还和项目问题的后续暴露则要等到其离任后才浮现出来，在此过程中权、责、利的分离不可避免，中央政府很难通过对官员个人进行纵向考察而完成债务问题的事后追责。这种“预算软约束”还由地方政府进一步扩散到金融机构中，银行、信托、券商等金融机构普遍持有地方政府债务由财政兜底的预期，在中央政府、地方政府的双重隐性担保下形成了一种“平台信仰”，乐于参与平台融资。近年来各类平台债务规模的大幅增长正是地方政府、金融机构“预算软约束”的直接结果。

其三，从财政制度上而言，自分税制改革后，地方政府的财政收入与事权存在不对等性，地方政府承担了大部分的支出责任，还要担负起发展经济的任务，必须要通过土地转让和平台融资的方式来补充财政收入的不足。特别是在自上而下的政绩压力下，中央政府对地方政府通过融资平台开展大规模基建，进而拉动经济、保住经济增长速度也存在着一定程度的默许。甚至可以说，地方政府的基建行为构成了中国宏观调控中的一个重要弹性空间，是中国平滑经济周期、实现增长目标的重要手段。地方政府的经济角色实际已远远超出了财政支出的基本职能，财政制度的基本设计已无法充分体现地方政府的经济角色。所谓的“土地财政”就是在这种情形下利用国有资源补充地方收入，以及以土地信用来加大地方政府的资金杠杆的一种模式。

因此，“土地财政”及地方债务等问题是现行政治体制和财政制度综合作用下的必然产物，并非简单的财政问题，单纯靠调整税收分成比例、为地方政府增收减支仅能起到一定的缓解作用，却无法从根本上解开这些症结。目前，虽然对地方政府通过平台融资的行为监管在不断收紧，但是政策收缩的过程也始终伴随着地方政府和金融机构联合开发新的融资路径、从事监管套利的行为，导致对地方债务的监管效果有限，存在着制度“虚置”与“空转”问题。要改变地方政府在经济领域的扩张和竞争行为，应一方面调整、完善地方政府的职能定位，并在此基础上健全对地方官员的考核、评价、任免等机制，另一方面则需针对中国现行政治体制和地方政府角色，改革相应的财政、金融、法律等配套制度，使地方政府的职能履行能够得到合理的收入支持与横向约束。这涉及多个领域的系统性改革，实际上是要从治理现代化的视角重构国家治理体系、财政体系与金融体系。

地方政府竞争的弊端有几个方面：割裂统一市场，破坏法制环境，造成产能过剩，加剧生态恶化，扭曲城镇化进程，累积庞大的地方债务，提供权钱交易空间。[①] 地方政府的竞争建立在资源公有制的背景下，是通过扭曲土地、公共资源、劳动力的价格而实现对资本的补贴，从而保证财政收入的不断增长。这种竞争造成资源的巨大错置，是当前中国经济中包括“脱实向虚”、房价地价高企、“国进民退”、收入分化加剧等诸多结构性问题的根源。中共十九大以来，中央多次重申“守住不发生系统性金融风险底线”“防范化解重大风险”“防范化解地方政府债务风险”，工作的关键着力点也在于对地方政府行为模式的调整与监管。

依现代化治理的思路，地方政府的职能应更多地关注公共产品、公共服务的提供，注重改善公共服务的质量与公平性，并着眼于地区的综合性长期社会发展目标。在这种定位和目标下，地方政府的经济职能应作为其社会管理、公共服务职能的一个部分，使经济与社会发展相协调。然而在分税制改革后的二十多年中，地方政府对经济发展的重视程度超出对社会发展的关注程度，这既是由中国改革开放后国家总体战略上对经济建设、发展生产力的偏好所致，亦是地方政府在财政压力和政绩考核的双重作用下将精力与资源大量用于经济领域的结果。地方政府在追求经济目标上较之普通的经济实体本来就具有特殊的优势，因为政府拥有公权力、暴力机器和货币发行权，在财政收支的激励和约束之外，还可以动用辖区内的行政甚至政治资源来为决策服务，

---

① 宋晓梧：《地方竞争是产能严重过剩的重要根源》，新浪财经 2014 年 2 月 10 日。

从而实现更高的效率性。而且在中国，地方政府虽没有一般意义上的货币发行权，但却能够综合利用国有土地资源进行负债融资，将土地资源货币化，相当于拥有一种变相的增发权。因此，地方政府在中国经济发展中发挥了巨大的效率性，集中动员起各类分散的社会资源投入生产和基础设施建设领域，获得了很高的经济增长率和很大的建设成就。但是，经济建设的效率性不等于资源配置的效率性，地方政府以国有资源与政府信用相结合，会造成土地要素的属性、价格、配置皆出现扭曲，以及金融机构约束软化、资本要素配置失效等问题。地方政府过度投入经济建设，也会因疏于社会管理和公共服务职能，而带来公共领域的市场失灵以及社会失灵。鉴于此，从思想和制度上端正并完善地方政府职能，重新审视和改革地方政府的定位，是解决当前经济社会发展中诸多结构性问题、理顺央地关系的首步。否则，财政调整和金融监管都只能是架漏牵补，不能真正使中国经济社会摆脱对“土地财政”发展模式的路径依赖，也无法从根本上消除整个系统在发展中累积的弊病。

为健全地方政府的职能，首先应对其经济角色去公司化，使其与融资平台逐步脱钩。目前中国已经明确规定地方政府官员不得在平台公司任职，并禁止地方政府为平台融资担保兜底，力图剥离平台公司的政府融资功能。未来平台公司的总体转型方向是向地方性国有产业投资集团转变，可以根据现金流来源的不同，分为公益类、准公益类、市场化三种企业。政府应集中对公益类企业注入优质资产和进行财政补贴，为城市公共服务、公共设施等公益性事业的运营提供支持；对准公益类企业可以注入部分资产和给予经营许可，使其能够自行产生稳定现金流；而对市场化企业则可以考虑引入社会资本，转向混合所有制，完善内部治理结构和运营制度，部分优质企业还可以选择上市，使企业获得更多元化的融资渠道。

其次，地方政府的自身定位应平衡经济发展与公共服务目标，一方面在经济职能中更注重对市场失灵领域的补充和营商环境的优化，建设服务型政府；另一方面应提高对科教文卫服务、公民权益保障等非经济目标的重视。特别是在对地方政府官员的政绩考核与问责机制中，应在地区经济增长之外综合囊括政治、社会、文化、生态内涵，并包含更多民生内容，例如可以增加教育投入、环境评测等指标，以矫正唯 GDP 的指标考核导致地方政府在履职中过于偏重经济效率的倾向。目前中国地方政府在干部人事制度上实行双首长制，行政区党委领导人由上级党委任命，行政机构首长由人大选举产生、罢免、监督，在这种设置之下，党委领导人主要对上级负责，而行政机构首长需对人大负责并接受党委领导。这其中存在着权、责、利的不对等，地方政府的最终决策权实际归于党委领导人，而地方经济社会发展的责任却主要由行政机构首长承担。因此，对党政系统干部的考核和任免应考虑到这一特殊制度下的权责分布情况，使各个领域决策的权责相对等，如可在政绩考核中增加民意调查和测评等环节，充分发挥社会组织、舆论、民众的监督作用，使得地方官员在施政中不仅对上负责，还要对地区人民和社会发展负起切实的责任。

进而，相关领域的配套制度也需能够支持政府综合性治理职能的履行。在财政制度方面，应对收入划分、事权划分、转移支付制度和分级财政管理体制四大内容皆作出改革。对于税收体系的调整，要符合政府职能转变的特征。如将消费税改为在零售环节征收可以促使地方政府致力于扩大本地消费，而开征物业税则有利于为地方政府开辟离开“土地财政”之后的收入渠道，推动地方政府角色由转让土地者向公共环境治理者和公共服务提供者转变。而在事权上，应明确地方政府支出的边界，按照成本—收益原则和收支匹配的原则，确定中央与地方、各级地方政府之间的事权划分，以及政府与市场之间的事权划分。在收入划分、事权范围改革的基础上，再进一步完善转移支付制度和分级财政管理体制，提高转移支付的效率性，降低央地和地区间竞争、博弈的消耗，促进基本公共服务在地区间供给的均衡化。此外，相应的金融和法律制度也要作出调整，以适应地方政府职能的转型。特别是金融系统应强化监管，降低地方政府干预金融机构和金融市场的能力，使金融机构对平台公司的借贷约束硬化。同时，应促进地方政府和平台公司行为的规范化和法制化，在法治框架下合理划分事权，健全预算制度，并对地方政府的相应行为实行法治化统一监管。

2. 现代治理视角下的城乡融合

一个社会由农业社会向工业社会转变是现代化的一项重要表征。在发展经济学理论中，工业化（即工业在国民收入和劳动人口中所占比重持续上升）的发生同样也是一国经济起飞的标志。早期的发展经济学理论往往将工业与农业视作经济中两个相对的部门，认为二者在经济发展和工业化推进的过程中因劳动力和资本的部门间流动而存在此消彼长的关系，如刘易斯的“二元经济结构”理论即是如此。之后，随着对工农业关系认识的深入，拉尼斯和费景汉发展了刘易斯的理论，形成“刘易斯—拉尼斯—费景汉模型”，强调农业在促进工业增长中的作用。他们指出，一国的工业化进程必须以农业生产率提高带来的农产品剩余为先决条件，否则单纯地使农村剩余劳动力向工业部门流动，会导致农产品结构性短缺，进而造成非农部门发展停滞。此外，舒尔茨的农业经济理论认为农业也可以成为经济发展的重要动力；乔根森模型则认为工业部门的发展取决于农业剩余的规模。这些理论都对农业在现代化中不可或缺的作用予以了论证。

工业化过程还伴随着城市化的发展。早期的发展经济学理论主要从农村劳动力向城市转移的视角来考察城市化，认为这是工业化发展的必然趋势。罗宾逊更是提出城市化过程中劳动力的迁移会呈现“倒U形”特征，区域间、城乡间的差距会呈现先扩大后缩小的变动特点。[①] 但是，这类理论仍是将城乡割裂来看，并以城市作为发展的最终落脚点。而霍华德的“田园城市”理论、沙里宁的有机疏散理论、赖特的广亩城市理论、芒福德的城乡发展观等观点则提倡城市与农村之间全面的平衡，以一种城乡一体的视角来作出空间的整体布局。在中国，费孝通先生发展小城镇的思想、吴传钧先生的人地关系地域系统理论也都指向工农、城乡、人地之间的融合发展。这些思想对当前中国统筹城乡发展、重建城乡间平衡具有重要的借鉴意义，是中国重构城乡关系、优化城乡规划的重要理论泉源。

在中华人民共和国成立前夕，中共七届二中全会作出了将党的工作重心由乡村转向城市，实行由城市领导农村的工作方式的决定。同时也强调要城乡兼顾，使城市工作和农村工作、工人和农民、工业和农业紧密地结合起来。在这种政策的指导下，20世纪50年代初期的中国农村实行了土地改革。1950年《中华人民共和国土地改革法》颁布，实行农民土地所有制，极大地调动了农民的生产积极性，农业生产得到了一定的恢复和发展。1950—1952年，中国城镇人口由5765万人增至7163万人，城镇化率由10.64%上升至12.46%。[②] 当时中国的城乡关系比较开放，人员

---

① S. Robinson. A Note on the U Hypothesis Relating Income Inequality and Economic Development, *American Economic Review*, 1976, 66 (3), pp. 437 -440.

② 赵伟：《新中国城乡经济关系演变的历史考察》，《学术评论》2013年第6期。

自由迁移，工农业的发展也能够相互支持。

然而很快，随着第一个五年计划的开启，中国学习苏联模式，优先发展重工业，由此经济政策开始偏向工业和城市，建立起一套高度集中的计划经济体制。1953 年后，国家在制度安排上以户籍管理制度和统购统销制度来限制城乡间的人口流动，并抽取农业剩余以供给工业生产和城市发展所需。此外，1953 年开始的农业合作化运动还通过建立人民公社体系的方式进一步加强对农民和农业生产的控制。这一整套制度虽然保证了城市的有序运行，为工业生产保障了低成本且稳定的原料来源，促进了工业化与城市化的初步发展，但是其弊端也十分显著。一方面，户籍制度以及农业集体化经营的安排使得农民的生产意愿降低、生产效率低下，从而导致农民生活困顿，且无任何福利可享，城乡差距严重拉大。另一方面，统购统销制度让国家以垄断性低价向农民收购粮食和其他作物、手工品，再以低价销售给城市居民和工业企业，而对工业品则以高价销售给农民，这造成了巨额的工农业“剪刀差”，扭曲了工农业产品和要素价格，深度抑制了农村和农业发展。计划经济体制下的城乡制度设计实际上是系统性地以农业和农村的资源扶持工业和城市发展，从而使工业化程度得以迅速上升的做法。这种城乡二元式制度安排为城乡发展带来了严重的不平衡、不平等，牺牲了农民的利益，导致农业发展基本处于停滞状态，为中国的农村发展和城乡关系留下了极为深刻的后续影响。

到改革开放以后，以“家庭联产承包责任制”为特征的农村土地改革，使得农村土地所有权与经营权分离，农民获得了对农业剩余的支配权，因而劳动积极性得到了极大的释放，农业生产率大幅提高，农业产出迅速增长。到 1984 年农村土地改革完成之时，中国农业总产值较 1978 年增长 118%，粮食、棉花、油料

总产量较 1978 年分别增长 33.6%、188.8%、128.2%，从 1978 年至 1984 年，农民人均年实际收入增长达到 15.1%。[①] 随着农业剩余的增加，国家从 1985 年开始取消农产品统购统销制度，并大幅提高农产品收购价格，对农用生产资料进行补贴，逐步缩小工农“剪刀差”。此外，国家在 20 世纪 80 年代初期还改革了人民公社制度和户籍制度，逐步放开对农村人口流动的限制。由此，大量农村剩余劳动力开始流入工业部门，乡镇企业迅速发展，城乡、工农之间再度形成彼此补充、支持的良性互动关系。

而在 1984 年以后，由于中共十二届三中全会通过《中共中央关于经济体制改革的决定》，加快以城市为重点的经济体制改革步伐，因而改革的重心由农村转向城市。在国企改革和市场化改革的背景下，中央政策向城市倾斜，城市经济和居民收入迅速增长。而相比之下，这段时期农村虽正式废除了统购统销制度，但是农产品价格仍然实行“双轨制”，工农“剪刀差”继续存在。同时，农村税费十分严重，据统计数据，2000 年中国农民承担的税费总额达 1359 亿元，比 1990 年增长了 1.89 倍，税费负担占农民收入的比重在 7%～12%之间。[②] 此外，地方政府对土地的征用、农村金融供给的不足、农民工收入增长的缓慢也进一步加大了城乡之间的差距。因此从 20 世纪 80 年代中期以来，越来越多的农村剩余劳动力进入城市务工，农村人口大量向城市流动，这些人口的低收入为中国劳动密集型工业的发展提供了低成本劳动力，为中国工业化、城市化的高速发展创造了重要条件。

---

① 许经勇：《论以理顺城乡关系为主轴的中国经济体制改革演变历程》，《浙江社会科学》2018 年第 1 期。

② 陈锡文主编：《中国农村公共财政制度：理论·政策·实证研究》，中国发展出版社 2005 年版，第 99 页。

面对在发展中日益拉大的城乡差距，2002 年中共十六大报告提出“统筹城乡经济社会发展”的命题，对长期以来重工轻农、重城轻乡的思路进行了纠偏。中共十六届四中全会进一步指出：“在工业化初始阶段，农业支持工业、为工业提供积累是带有普遍性的趋向；但在工业化达到相当程度以后，工业反哺农业、城市支持农村，实现工业与农业、城市与农村协调发展，也是带有普遍性的趋向。”① 统筹城乡的思想强调了要在新的历史阶段对工农、城乡之间的关系重新作出调整，工业、城市要反过来促进农业、农村的发展，因此在中共十六大以后，国家加大对“三农”的投入，推行农村税费改革，免除农业税，建立了农业支持和补贴政策，建立了新农合、新农保等公共服务政策，使得农民收入和生活质量都有了明显提升，城乡发展的不平衡性趋于缓和。

到 2007 年，中共十七大又提出要“建立以工促农、以城带乡长效机制，形成城乡经济社会发展一体化新格局”②。2012 年中共十八大进一步对“城乡一体化”的内涵予以说明，即：“加快完善城乡发展一体化体制机制，着力在城乡规划、基础设施、公共服务等方面推进一体化，促进城乡要素平等交换和公共资源均衡配置，形成以工促农、以城带乡、工农互惠、城乡一体的新型工农、城乡关系。”③ 城乡一体化为调节城乡发展提出了明确的

---

① 胡锦涛：《做好当前党和国家的各项工作》，中共中央文献研究室编：《十六大以来重要文献选编》（中），中央文献出版社 2006 年版，第 311 页。

② 胡锦涛：《高举中国特色社会主义伟大旗帜 为夺取全面建设小康社会新胜利而奋斗——在中国共产党第十七次全国代表大会上的报告》，《人民日报》2007 年 10 月 25 日。

③ 胡锦涛：《坚定不移沿着中国特色社会主义道路前进 为全面建成小康社会而奋斗——在中国共产党第十八次全国代表大会上的报告》，《人民日报》2012 年 11 月 18 日。

目标和路径，特别是强调要加快推进体制改革和制度创新，完善城乡社会保障体系、建设城乡劳动者平等就业制度、建立健全城乡统一的户籍制度，从制度设计上保障农民权益、打破城乡二元结构。同时，国家进一步加大对“三农”投入，2003 年至 2012 年中央财政“三农”投入由 2144 亿元增加到 12286.6 亿元，年均增长达 21%。①

中共十六大提出的“城乡统筹”更多的是强调了推动城乡发展的战略思路和工作方式，而中共十七大提出的“城乡一体化”则更具体地指明了城乡发展的路径和方向，这两个概念从视角上来说，都更侧重于国家宏观管理一面，而对城乡关系表述的重点也落在“以工促农、以城带乡”上，带有明确的阶段性特征。因此，2017 年中共十九大对城乡关系的未来发展作出了新的部署，要求“建立健全城乡融合发展体制机制和政策体系”，并实施“乡村振兴战略”。“城乡融合”的战略是在新的经济社会形势下对城乡关系的一次重新定位，其视角更多的是治理式的，突出了乡村与城市在发展中同等重要的主体性，强调二者间内在的有机结合。可以说，“城乡融合”战略的提出是中国对城乡关系在认知上的一次新的发展。一方面，“城乡融合”改变了传统的城乡关系中以城市为中心、乡村为附属的理念，将乡村放在与城市平等的地位上，强调要“加快形成工农互促、城乡互补、全面融合、共同繁荣的新型工农城乡关系”②。这种表述方式消除了城乡间的分隔和对立，使二者间的互动来自于有机体之间的自然融

---

① 《中央财政“三农”投入稳定增长　保障机制逐步形成完善》，《中国财经报》2012 年 10 月 25 日。

② 《中共中央国务院关于实施乡村振兴战略的意见》，《光明日报》2018 年 2 月 5 日。

合、自发循环，而不是从外部机械式地捏合二者，也不是要消除城乡差异性，让城乡发展同质化。另一方面，“城乡融合”与“乡村振兴战略”的伴生，使得乡村在现代化发展中的功能、价值得以被重新审视，有利于改变自清末以来在工业化进程中乡村逐渐沦为劳动力、资源、粮食、土地等生产要素来源地，而丧失其文化、生态、社会等综合功能的状况，重新确立乡村在文化传承、生态涵养等方面的作用。

因此，在“城乡融合”战略的指导下，中国应从治理主体、治理客体、治理目标、治理工具几方面来促进城乡发展。在治理主体上，应强调市场系统和社会系统在调节城乡平衡、维护城乡关系中作用的发挥，减少政府对市场和社会的过度干预。一方面，应改革行政主体——政府的机制设计，推进相关的户籍、土地、公共服务等制度改革，避免造成城乡之间的人为割裂。同时，从行政体制上保证县（区）级政府的事权与财权匹配，使其能够拥有一定的自主权和发展权，对城市群、都市圈内的中小城市、镇、乡给予充分的主体定位，促进区域内部统一规划、深度融合、均衡发展。另一方面，要使城乡政府、集体、企业、社会组织、居民等各类资源所有者和利益相关主体参与到治理过程中来，推动治理主体多元化，让不同领域、不同类别的各级主体能够相互合作、彼此协同，从产业、生态、就业、生活等各个方面实现城乡间融合。

从治理客体角度，应为城乡的人员、土地、资本、信息等要素创造自由流动的条件。首先，应推进户籍制度和社会保障制度改革，放宽大中型城市落户条件，逐步推动城乡人员的权利平等化和地区间基本公共服务均等化。其次，应深化土地制度改革，统筹优化城乡土地资源，调整建设用地指标配置，盘活农村宅基地与闲置住宅，以市场化方式释放农村发展活力，提升城乡建设与经营效率，促进人员双向流动。再次，要完善基层治理体系，既要在基层治理中充分利用现代信息技术，建设城乡基层智慧治理体系，推动智慧政府、智慧社区、智慧村镇、智慧交通、智慧医疗、智慧教育等体系的建立，借助网络信息和大数据的力量进一步融合城乡、缩小城乡治理差距，又要照顾到乡村民众特别是中老年群体不熟悉互联网应用的现实情况，促进基层治理实践的精细化、多元化、人性化，防止信息化的快速推进给特定人群造成生活不便和经济损失。最后，在基础设施和公共服务的提供上，要均衡地区差异，引导财政和社会投资向乡村倾斜，科学编制城乡空间规划，统筹布局，减少因城乡区域分割而带来的资源浪费和重复建设情况，改善当前农村地区基础设施供给不足、分布不合理问题。

在治理目标上，城乡融合与现代化治理的理念都要求破除唯GDP、唯经济增长的发展目标，而是在注重经济效益的同时，综合提高社会效益和生态效益，包括提升乡村精神文明建设、推动乡村基层民主的发展、全面提升公民素质，以及坚持绿色发展道路，改造和治理历史遗留的环境污染和生态破坏问题，建立分层次的生态战略，促进城乡生态系统的平衡和工作、人居环境的有机循环。

在治理工具方面，要从原先单一化的行政管理、管制向市场化、程序化、法治化、社会化的多元路径转型。一是通过经济手段结合产业、企业的力量，优化对城乡要素的利用，促进资金和人员的自发流动，改善公共设施和生产设施的分布。二是建立规范性的政策程序和制度，结合有针对性的城乡统筹政策，引导城乡发展走向合理方向。三是改革造成城乡分割的户籍、土地、社会保障等制度，建立促进城乡融合的法规和制度，从法理和实践上消除身份歧视、推进公平就业。四是发挥社会组织和广大群众在城乡融合中的作用，建立科学客观的评价和监督机制，形成推动城乡均衡发展的合力。

当前，受疫情影响，国际政治、经济都出现了严重不确定性，中国所面对的国际关系和国际环境未来很可能出现重大变动，如贸易摩擦升级，全球产业链内向化发展，科技、医药等产业布局受限等。这些变化势必会给中国的外需带来重大不确定性，进而冲击中国在全球产业链的地位，中国必须以底线思维考虑和应对这一可能，以长期战略性视角对产业系统和经济发展的模式、动力作出调整。因此，中国必须具体考虑到国际疫情持续发酵将带来的更多经济冲击，通过内需的启动、增长来对冲外需的巨大不确定性，为相关产业和企业提供更多发展出路。习近平总书记在2020年“两会”期间特别提出，“要把满足国内需求作为发展的出发点和落脚点，加快构建完整的内需体系”，“逐步形成以国内大循环为主体、国内国际双循环相互促进的新发展格局”，在上述“国内大循环”中，基于城乡融合的内需增长是关键的一环。

目前中国城镇化建设尚未完成，虽然改革开放以来城乡居民收入有了大幅增长，但消费力始终偏低，特别是对耐用消费品的消费仍然不足。2019年中国城镇居民消费恩格尔系数为27.6%，农村居民消费恩格尔系数为30.0%，距离发达国家20%以下的水平仍有差距，且城乡之间仍然存在差异。[①] 此外，不同地区的消费结构差别也比较明显，如图5所示，恩格尔系数较高的省份与较低的省份之间的差别甚至超过10%，可见中国地域间消费结构还很不平衡，许多地区的居民消费仍有不小的优化空间。

2008年以来，经过“家电下乡”等扩大内需政策的推行，

① 《2019年全国居民人均消费支出》，中国政府网2020年3月9日。

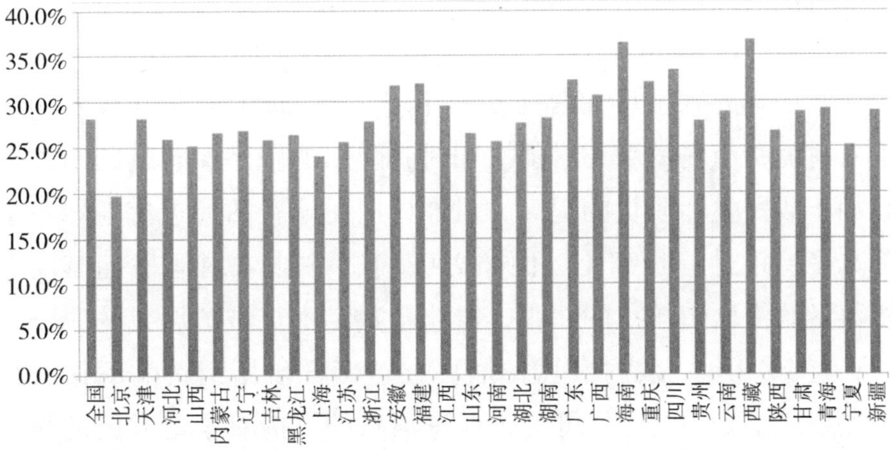

图5　2019 年全国各地区恩格尔系数

数据来源：国家统计局编：《中国统计年鉴 2020》，中国统计出版社 2020 年版，第 182—183 页。

农村居民的消费结构已得到了一定的升级，特别是在彩色电视机、洗衣机、电冰箱、移动电话等基础性耐用消费品上的消费大幅提高，但对汽车、空调、计算机等改善性耐用消费品的消费数量仍然远低于城镇居民（如表 7 所示）。这说明农村消费市场仍存在很大的提升空间，潜在消费需求值得进一步挖掘。大力引导农村居民提高消费力、优化消费结构，对中国城乡一体化的加速发展和全面小康社会的实现、人民生活水平的提升有着重要意义。

表7　2019 年底城镇和农村居民平均每百户耐用消费品拥有量

	汽车	微波炉	空调	热水器	排油烟机	计算机	照相机
城镇居民	43.2	55.7	148.3	98.2	81.7	72.2	19.5
农村居民	24.7	18.9	71.3	71.7	29	27.5	2.3

数据来源：国家统计局编：《中国统计年鉴 2020》，中国统计出版社 2020 年版，第 175、178 页。

根据商务部的统计，“家电下乡”政策实施的四年内，全国累计销售产品2.98亿台，销售额达到7204亿元，对内需和家电行业发展都起到了强大的推动作用。[①] 这一政策的良好成效印证了农村消费市场的巨大潜能。同时，耐用消费品保有量的增加也有利于居民生活质量的提高，对农村居民消费的促进使得城乡生活水平差距进一步缩小。例如2007年，中国农村居民拥有洗衣机数量约为城镇居民的一半，电冰箱数量不足城镇居民的三分之一；至2019年，农村和城镇居民在这两样耐用消费品的保有量上差距已不到10%。[②] 可见，促进消费的举措对丰富人民的物质生活具备直接效应，特别是在耐用消费品保有量不足的地区，能够通过增加耐用消费品的数量提高居民生活水准。另外，随着城镇化的不断推进，城镇人口的增长也会带动国民消费需求增加。据测算，城镇化率每提高1个百分点，将会拉动1.6个百分点左右的消费增长，[③] 农村人口向城镇转移可以增加居民消费的便利性，有效释放潜在消费需求。

目前，中国仍存在部分地区服务消费的基础设施不完善、农村地区消费设施不足、商业设施分布不合理等问题，需要政府采取行动打破客观条件的约束，提升消费基础设施的适配性，推动消费跨城乡全面升级。具体措施包括：第一，优化城乡商业网点布局，打造区位合理的商业中心、商业圈，并推动现有商圈升级；第二，建设城乡消费融合网络，推动都市圈建设，提升相关交通与物流便利性；第三，改善农村物流基础设施网络，加强农

---

① 钱玮珏：《家电下乡政策将于本月底全部结束》，《南方日报》2013年1月10日。

② 国家统计局编：《中国统计年鉴2020》，中国统计出版社2020年版，第175、178页。

③ 周贝贝：《三四线城市的“消费逆袭”》，《新产经》2019年第3期。

产品供应链体系建设，提高农村地区宽带接入速率；第四，推动生活服务消费设施建设，大力发展社区便利店、社区菜店等商业供给。

此外，亦应注意到中国基础性耐用消费品已进入品质升级阶段，教育、文化娱乐、医疗保健等服务消费需求增长空间较大。为促进城乡消费结构优化，当前需要推行的消费刺激政策应有别于十多年前的“家电下乡”这类以必需品为主、侧重数量增长的政策，而是要与社会消费升级趋势协调，重视高端家电、汽车、电子产品等耐用消费品的更新，支持节能环保家电和新能源产品的购买，推动数字服务、智能家居、电子商务等领域市场的扩展。具体而言，可以针对消费升级的重点领域实行税收优惠、购置补贴、“以旧换新”等促进消费的政策，并对相关行业放宽市场准入、鼓励民营机构参与竞争，从供给端活跃市场，丰富产品和服务品类，以满足多层次、多样化的城乡需求增长。

3. 在“一带一路”倡议下推进陆海统筹治理现代化

中国从地理区位上来看既属陆地国家，又属海洋国家，但在古代一向重视陆地而轻视海洋，即在陆海之间优先选择陆地作为自己的战略依托，就如马克斯·韦伯所指出的那样，“中国基本上是一个内陆国家”[①]。因此，古代中国在经济上以小农耕作为主体，在政治上重视集中的大一统政权，与海外国家的往来大多限于政治和文化交流活动，既不热衷于发展大规模海上贸易，也缺少建设海上军事体系以发动海外战争的动机，对待海洋主要采取守势。而在鸦片战争以后，西方列强由海洋发起了对中国的经济

① ［德］马克斯·韦伯著，王容芬译：《世界宗教的经济伦理·儒教与道教》，中央编译出版社 2012 年版，第 94 页。

与政治入侵，中国被动卷入由海洋文明主导的近代世界经济政治体系，故海洋战略也被迫进行调整。从 19 世纪 60 年代洋务运动开始，中国从造船等军事工业开始开启自主工业化运动，并建立水师、建设海防，走向军事现代化之路。洋务运动在产业区位布局上以服务海防为导向，近代企业多建立在沿海、沿江地带，为近代中国产业的发展奠定了基本格局。同时，清末中国的经济、社会开放也从沿海口岸的通商开始，沿海地区成为近代化的先驱地带。“19 世纪中叶开始的对外部世界的开放，使中国第一次有了沿海与腹地的概念。从此，沿海地带尤其是长江沿岸城市从古老的传统经济中剥离出来，开始了自己孤立的现代发展，并且形成了下列与腹地相对立的沿海地区特色：在物质和文化上都直接置于西方的示范效应之下；经济以现代商业和现代工业为主轴；文化上向工商社会的价值观念迁移……”① 这种转变使得中国在近代第一次走向了海洋战略。

中华人民共和国成立后，早期的陆海战略以安全守御为主要考量。面对西方国家的军事威胁和经济封锁，以及与苏联、印度等邻国关系的变化对中国领土安全所造成的影响，20 世纪 50、60 年代中国的经济发展以内向型为主。1964 年，党中央作出“三线建设”的重大战略决策，依边防和海防的远近，将全国区域划分为一线、二线和三线，其中三线指的是乌鞘岭以东、京广铁路以西、雁门关以南、韶关以北的地区，位于中国腹地，距海岸线和国土边界较远，且有青藏高原、云贵高原、太行山、大别山、贺兰山和吕梁山等山脉作为天然屏障，是较理想的战略后方。“三线建设”的战略一方面是针对当时国际上社会主义与资

① 许纪霖、陈达凯主编：《中国现代化史 第一卷 1800—1949》，学林出版社 2006 年版，第 13—14 页。

本主义两大阵营对峙，外部战争威胁依然严峻的形势而制定，另一方面则是考虑到中国西部在历史上长期经济发展滞后，在近代工业化进程中也远远落后于沿海和沿边地区，需要对区域间的经济发展不平衡进行调整。1956 年在题为《论十大关系》的讲话中，毛泽东主席就沿海工业与内地工业的关系曾指出："我国全部轻工业和重工业，都有约百分之七十在沿海，只有百分之三十在内地。这是历史上形成的一种不合理的状况。沿海的工业基地必须充分利用，但是，为了平衡工业发展的布局，内地工业必须大力发展。""新的工业大部分应当摆在内地，使工业布局逐步平衡，并且利于备战，这是毫无疑义的。"① 可见当时"三线建设"的决策本身就含有调整全国工业布局和区域发展格局的初衷。虽然在"三线建设"中，存在着大量重复建设、选址不科学、资源配置失当的问题，但是"三线建设"也为中国内地的工业和经济发展奠定了重要基础，改善了内地的能源、交通等基础设施条件，促进了内地各省区市科技、社会、文化的全面进步。

到改革开放后，中国的陆海战略发生了新的调整，从原先将资源向内陆腹地布局、平衡沿海与内地发展差距转向外向型发展，大力支持沿海地区的开放发展。1978 年邓小平提出："在经济政策上，我认为要允许一部分地区、一部分企业、一部分工人农民，由于辛勤努力成绩大而收入先多一些，生活先好起来。一部分人生活先好起来，就必然产生极大的示范力量，影响左邻右舍，带动其他地区、其他单位的人们向他们学习。这样，就会使整个国民经济不断地波浪式地向前发展，使全国各族人民都能比

① 毛泽东：《论十大关系》，《毛泽东文集》（第七卷），人民出版社 1999 年版，第 25、26 页。

较快地富裕起来。”[①] 进而，国家相继在沿海的珠海、汕头、深圳、厦门、海南五地建立经济特区，开放 14 个沿海港口城市，在长江三角洲、珠江三角洲、闽南厦漳泉三角地区开辟沿海经济开放区等等，重点部署沿海区域对外开放。这一思路是根据经济规律和区位特征，以中国西高东低、东南临海的地理条件和近代以来的经济基础为依托，通过外向型的发展路径使沿海地区首先发展起来，再进一步推动产业和市场向内地扩展，形成全国范围内的阶梯性纵深发展格局。对此，邓小平概括性地提出“两个大局”战略思想，即：“沿海地区要加快对外开放，使这个拥有两亿人口的广大地带较快地先发展起来，从而带动内地更好地发展，这是一个事关大局的问题。内地要顾全这个大局。反过来，发展到一定的时候，又要求沿海拿出更多力量来帮助内地发展，这也是个大局。那时沿海也要服从这个大局。”[②] “两个大局”的战略思想既遵循了市场经济的客观规律和中国的历史、地理现实，又充分体现了社会主义优越性，能够从国家整体发展的战略视角实行基于空间与时间的经济梯度推移。对于中国这种人口众多、地理纵深较大的国家而言，“两个大局”的战略能够兼顾经济效率与发展的区际均衡性，因而为中国经济社会的飞跃性发展提供了关键性的政策条件。至 20 世纪 90 年代，中国已形成以沿海经济特区、沿海开放城市、沿海开放区、沿江开放港口城市、沿边开放城镇、内地省会开放城市率先开放发展，进一步带动其他地区发展的外向型发展格局，而中国的经济建设也在这一战略

① 邓小平：《解放思想，实事求是，团结一致向前看》，《邓小平文选》（第二卷），人民出版社 1994 年版，第 152 页。

② 邓小平：《中央要有权威》，《邓小平文选》（第三卷），人民出版社 1993 年版，第 277—278 页。

格局的作用下取得了巨大成就。

进入21世纪，中国在改革开放20年来的经济社会发展基础上，进一步提出西部大开发的区域发展战略，力图对外向型发展过程中逐渐拉大的沿海与内地差距作出调整。2000年国务院正式成立西部地区开发领导小组，并在中共十五届五中全会上把西部大开发作为重要战略提出，在该次全会通过的《中共中央关于制定国民经济和社会发展第十个五年计划的建议》中强调："实施西部大开发战略，加快中西部地区发展，关系经济发展、民族团结、社会稳定，关系地区协调发展和最终实现共同富裕，是实现第三步战略目标的重大举措。"① 进而，"十一五"规划又在此基础上提出"继续推进西部大开发，振兴东北地区等老工业基地，促进中部地区崛起，鼓励东部地区率先发展"② 的区域发展总体战略。这一系列战略着重发挥东部沿海地区与中西部内陆地区之间的互补和联动效应，有利于国家经济社会发展的协调、均衡与全面提升。在上述战略的支持下，中国在21世纪初的发展中区域平衡性明显增强：东部沿海地区仍然保持着高速增长态势，在经济、社会、科技、文化等多个领域都起到了示范和带动作用；而中西部地区在经济增长速度、基础设施建设、社会公共服务等方面的落后面貌也有了显著改观；区域之间合作的深度和广度皆不断增加，区域内部的一体化进程逐步加快。区域发展格局的变化也进一步支撑中国经济发展由外向型逐渐过渡到外需、内需并

---

① 《中共中央关于制定国民经济和社会发展第十个五年计划的建议》，中共中央文献研究室编：《十五大以来重要文献选编》（中），人民出版社2001年版，第1380页。

② 《中共中央关于制定国民经济和社会发展第十一个五年规划的建议》，中共中央文献研究室编：《十六大以来重要文献选编》（中），人民出版社2006年版，第1071页。

重，为中国发展模式的转变和经济结构的优化奠定了重要的转型条件。

从中华人民共和国成立以来到21世纪初，中国陆海战略的变化主要是根据国内经济社会发展的阶段性特点与国际军事、政治形势的阶段性条件而作出相应调整的，总体来看是以改革开放为界，在改革开放以前重点向内陆腹地部署工业生产，而在改革开放以后则依托国际经贸、以沿海地区作为经济增长的引擎。到了21世纪，中国在加入世贸组织后，经济社会已与国际经济社会深度融合，在全球产业链中已凭借传统的劳动力优势取得竞争力，实现了持续数十年的高速发展。近年来，经济全球化正面临更为复杂、深刻的变化，许多国家为缓解内部衰退，不断提高产业、技术的出口壁垒，推动产业和就业向本国回移，贸易摩擦不断增加。对此，中国应以更宏大的视野和格局为经济全球化的未来发展提出正向、广阔的愿景，并以此为基础进一步优化国内区域战略。2013年习近平总书记提出“一带一路”的倡议，即“新丝绸之路经济带”和“21世纪海上丝绸之路”，倡导基于互利共赢的国际区域大合作。“一带一路”倡议的思想来自人类命运共同体的理念，是超越于经济层面，将经济、政治、文化各方面的合作纳入文明全面交融与共享的多元框架内。在这一思想的指导下，中国的陆海战略也步入新时期，在沿海地区先后推动京津冀协同发展、粤港澳大湾区建设、长江经济带发展、长三角一体化等战略部署，强调跨区域协调发展和深化区域合作，重视打破区域间壁垒，促进国内不同区域发挥比较优势，彼此间协作互利、共同发展，从而实现区域之间的良性内循环。而对于内陆地区，2020年中央再次提出推进西部大开发，在《中共中央 国务院关于新时代推进西部大开发形成新格局的指导意义》中提出：“到2035年，西部地区基本实现社会主义现代化，基本公共服务、基础设施通达程度、人民生活水平与东部地区大体相当，努力实现不同类型地区互补发展、东西双向开放协同并进、民族边疆地区繁荣安全稳固、人与自然和谐共生。”① 这一政策对于平衡中国区域间发展差异，补足经济社会发展的不足，打通内部产业链条和市场网络具有重要意义。可见，新时期中国的区域战略已转向侧重内部区域合作与经济流通，旨在通过构建基于区域分工的国内产业链和大市场，使经济增长获取充分、持续的内生动能，进而为“一带一路”的建设和发展提供坚实的产业基础和内外通道。

钱穆先生在《中国历史精神》一书中曾谈道：“我们从历史教训上，早宜积极寻找新生命，诱导成新力量，决不当苟安姑息，只顾目前。而且一个国家，也断不能使其内部显然有两种形态之对立。”② “中国的内地西北和东南沿边，在同一国家之内，却存在有两个绝不同的社会，经济文化太过悬殊，这真是一大问题。”③ “一个国家的立国精神，应该走逆势，不可走顺势。正如个人般，应努力向上，不该顺势滑下。”④ “实在今天的中国人，应该拉过头来，向内地跑，跑向内地，一样有发展，而内地人连带兴起刺激。而且中国人今天向内陆跑是主动的，向海边跑是被动的。在国家的立场，至少该用些力量，引导文化经济逆转的跑回黄河流域，由此继续向西北前进。在这里，我们一定可以得到新刺激，一定可以产生新力量，并使国内各方面发展平衡，而得

---

① 《中共中央　国务院关于新时代推进西部大开发形成新格局的指导意见》，《人民日报》2020 年 5 月 18 日。

② 钱穆：《中国历史精神》，九州出版社 2011 年版，第 115 页。

③ 钱穆：《中国历史精神》，九州出版社 2011 年版，第 115 页。

④ 钱穆：《中国历史精神》，九州出版社 2011 年版，第 116 页。

到竟体壮健的现象。”① 对于中国这样一个大国而言，仅依赖沿海地区的外向型经济发展并不足以撑起整个国家的长期稳定发展，且容易因国内不同区域间经济社会差距的拉大而引发各类矛盾和问题。中国改革开放后持续四十余年的经济增长和社会全方位进步，在很大程度上得益于中华人民共和国成立后国家为平衡内陆与沿海差距所主动推行的“三线建设”等举措。而在今天，我们将视线重新拉回广阔的内陆腹地，依靠现代治理框架理顺内部关系、打通行政壁垒，释放国内各类生产要素和内需活力，亦是真正提升全体民众福祉、掌握自主发展权的应有之义。

① 钱穆：《中国历史精神》，九州出版社 2011 年版，第 119 页。

四

新时代社会治理现代化制度的建构与完善

中国特色社会治理的现代化，经历了一个长期探索、逐步完备的过程，跨越了从管理、服务到治理的不同历史阶段。在总结70年来实践经验基础上，中共十九届四中全会对推进社会治理现代化作出了一次全面系统的部署，在中共十九大提出的“党委领导、政府负责、社会协同、公众参与、法治保障”的社会治理体制基础上，新写入了民主协商、科技支撑的内容，提出了社会治理共同体理念，进一步坚持和完善了社会治理体系的制度框架，而且鲜明地强调了基层社会治理的重要性。这也彰显了中国特色社会治理现代化制度体系的逐步完备，趋于成熟和定型。

（一）顶层设计：坚持和完善社会治理现代化制度的演进

人类社会的治理现代化任重道远，必然伴随着不同国家探索差异化的发展路径、制度模式的长期过程。20世纪末东欧剧变和苏联解体后，以弗朗西斯·福山“历史的终结”论为代表，社会主义的宏大叙事曾面临着重大挑战。然而，在历经40余年改革开放的探索实践之后，中国缔造了经济发展和社会稳定的“两大奇迹”，在21世纪实现了科学社会主义现代化进程的新境界和新高度。中共十九届四中全会通过的《中共中央关于坚持和完善中国特色社会主义制度、推进国家治理体系和治理能力现代化若干重大问题的决定》（以下简称《决定》）鲜明地提出了坚持和完善中国特色社会主义制度的全面方案，也更为清晰地指明了推进国家治理体系和治理现代化的路径和方向，对“历史的终结”论作出了强有力的回应。其中，卓越的社会治理绩效，是中国制度的重要优势，为中国经济发展贡献了至关重要的“稳定红利”。

鉴于世界上少有国家能够如此长久地保持社会稳定局面，中共十九届四中全会《决定》把“社会长期稳定”与“经济快速发展”并列为中国过去70年创造的两大奇迹。

与此同时，在新时代历史方位下，中国也迎来了空前复杂的社会治理局面，面临着许多新机遇和新挑战。伴随工业化、城镇化、信息化、城乡现代化等进程，中国经济结构深刻变革，利益格局深刻调整，思想观念深刻变化，社会结构深刻变动，形势环境变化给社会治理带来的矛盾风险和挑战之多前所未有，而且中国正从依赖传统要素投入转为提高全要素生产效率的发展阶段。[①]中国特色社会主义所释放的制度红利，正替代逐渐减弱的人口红利，成为中国经济社会可持续发展的重要驱动力。

中国特色社会主义的制度优势，转化为社会治理效能，重心在基层。在这场人类历史上最为规模宏大、深刻广泛和剧烈复杂的经济社会变革中，中国继续保持社会秩序的总体和谐稳定，必须进一步有效回应一系列新挑战、新要求，不断建构和完善坚实的基层社会治理现代化的制度支撑。

现代化是人类社会文明进步的标志，意味着从传统文明向现代文明的范式转变，也是世界各国普遍追求的一个发展目标。每个国家由于自身国情的不同，对自身现代化目标的设定也不同。1964年，第三届全国人民代表大会第一次会议提出了农业、工业、国防和科学技术“四个现代化”。2006年，中共十六届六中全会将“富强、民主、文明、和谐”作为我国社会主义现代化建设的目标。2013年，中共十八届三中全会旗帜鲜明地提出推进国家治理体系和治理能力现代化，被视为“第五个现代化”。它更

---

① 陆旸、蔡昉：《从人口红利到改革红利：基于中国潜在增长率的模拟》，《世界经济》2016年第1期。

加强调法律规范和各项规章制度，要求有现代化的法治体系作支撑。

相较于世界上其他国家，尤其是欧美发达国家的社会治理制度，中国社会治理在全人类社会对治理现代化孜孜以求的探索中开创了一个不同模式和路径，即是在中国共产党的领导下“五位一体”的制度体系（参见图6）。

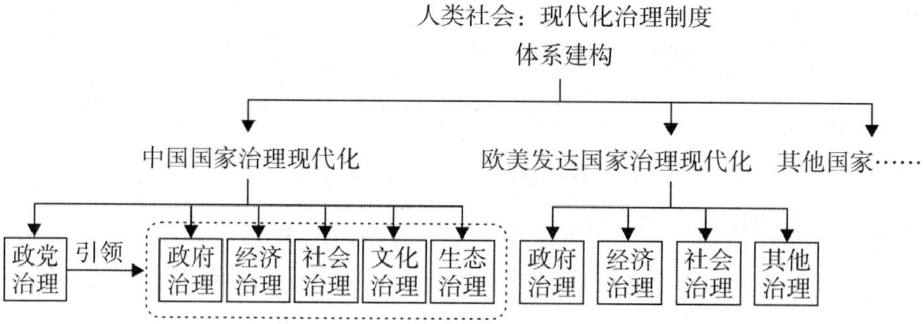

图6　中外现代化国家治理制度体系比较（示意图）

中共十九届四中全会开辟了中国特色社会主义制度建设的崭新阶段，为推进国家治理体系和治理能力现代化作出了更为明确、系统、完备的战略部署。《决定》所指出的“十三个显著优势”，既是我们国家制度和国家治理体系的特征，也是进一步推进治理现代化的内在要求。基于对《决定》文本的词频分析，可以看出，此次会议的核心主旨就是指向于坚持和完善制度（参见图7）。从语义网络图来看，也不能发现，“坚持”“完善”“制度”“体系”等几个关键词，是《决定》全文阐述的逻辑归结点（参见图8）。

作为国家治理的重要方面，中共十九届四中全会围绕社会治理所作出的一系列重要论述和指示，标志着中国特色社会治理现代化的顶层设计基本成熟和定型：一方面，把民主协商、

图 7　中共十九届四中全会《决定》文本高频词云图

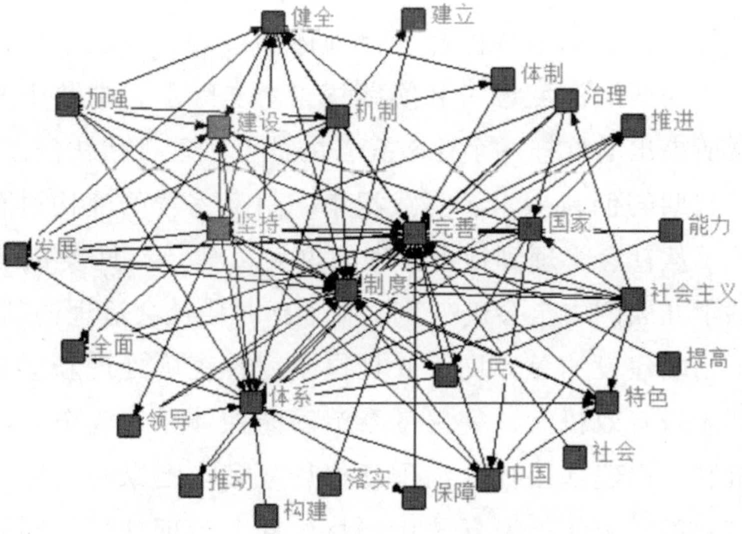

图 8　中共十九届四中全会《决定》文本语义网络图

科技支撑作为新增内容，融入到中共十九大提出的“党委领导、政府负责、社会协同、公众参与、法治保障的社会治理体制”，共同构成了更为完备的社会治理体系的科学框架；另一方面，创新性地提出了人人有责、人人尽责、人人享有的社会治理共同体理念。由此，也系统阐明了新时代共建共治共享的社会治理制度的战略定位、路径指向、目标要求和措施方法，是我们党对社会治理的规律性认识和实践的高度凝练和概括，并且从坚持和完善中国特色社会主义制度的角度提出了针对性的建设思路和举措，为社会治理现代化的新局面、新实践、新高度提供了基本遵循。

着眼于社会治理现代化，如何找到破解难题、补齐短板的治理方式和工作抓手，如何提升社会治理现代化能力和水平，如何把中国特色的社会治理制度优势转化为治理效能……上述一系列问题的回答，都需要科学认识社会治理现代化的意涵、路径、目标，从中国特色社会治理体制机制、方法手段、改革进路等方面开展深度思考和实践探索。实际上，中共十九届四中全会所提出的这样一个比较完备的社会治理现代化制度体系，经历了长期的创新探索、实践积累、制度完善的建构过程，并且实现了从社会管理到社会治理的重大转变（参见表 8）。2019 年中共十九届四中全会进一步明确了新时代社会治理的新要求，指明了制度建设的总方向，并且提出完善正确处理新形势下人民内部矛盾有效机制，完善社会治安防控体系，健全公共安全体制机制，构建基层社会治理新格局，完善国家安全体系等重要举措方略。至此，70 年来中国特色社会治理现代化制度基本完备，趋于成熟定型。

表 8　中国特色社会治理制度的顶层设计建构

阶段划分	时间	重要会议	关于社会治理制度建设的重要表述
社会管理阶段	1993 年 11 月 14 日	中共十四届三中全会	加强政府的社会管理职能，保证国民经济正常运行和良好的社会秩序。
	2004 年 9 月 19 日	中共十六届四中全会	加强社会建设和管理，推进社会管理体制创新。建立健全党委领导、政府负责、社会协同、公众参与的社会管理格局。
	2007 年 10 月 15 日	中共十七大	完善社会管理，维护社会安定团结。健全党委领导、政府负责、社会协同、公众参与的社会管理格局，健全基层社会管理体制。
	2012 年 11 月 8 日	中共十八大	围绕构建中国特色社会主义社会管理体系，加快形成党委领导、政府负责、社会协同、公众参与、法治保障的社会管理体制。
社会治理阶段	2013 年 11 月 12 日	中共十八届三中全会	加快形成科学有效的社会治理体制，确保社会既充满活力又和谐有序。创新社会治理体制，提高社会治理水平，改进社会治理方式。
	2015 年 10 月 29 日	中共十八届五中全会	建设平安中国，完善党委领导、政府主导、社会协同、公众参与、法治保障的社会治理体制。
	2017 年 10 月 18 日	中共十九大	加强和创新社会治理。打造共建共治共享的社会治理格局。加强社会治理制度建设，完善党委领导、政府负责、社会协同、公众参与、法治保障的社会治理体制，提高社会治理社会化、法治化、智能化、专业化水平。
	2019 年 10 月 31 日	中共十九届四中全会	社会治理是国家治理的重要方面。必须加强和创新社会治理，完善党委领导、政府负责、民主协商、社会协同、公众参与、法治保障、科技支撑的社会治理体系，建设人人有责、人人尽责、人人享有的社会治理共同体，确保人民安居乐业、社会安定有序，建设更高水平的平安中国。

（二）基层思维：中国特色社会治理现代化的重心

社会治理是国家治理的重要方面。基层治理是社会治理的重心、难点所在。中共十九届四中全会《决定》文本中尤为鲜明的一点就是对基层的高度重视，明确提出了构建基层社会治理新格局，健全充满活力的基层群众自治制度等重要举措，体现了顶层设计与基层思维的有机结合。

“基层”一词在《决定》文本中涉及党的领导、人民当家作主、社会主义先进文化、民生保障、社会治理等多个制度领域（参见图9）。一般而言，基层是指各种组织中最低的一层，也是联系群众的最直接层面。在现代科层制结构中，基层处于公共权力机构的末梢。在中国实践中主要是指乡镇、街道一级的政府部门（或政府派出机构），也包括城乡社区群众性自治组织，以及公共权力系统中其他最低层级的职能部门。基层不单是顶层制度设计落地的“最后一公里”，同时也承载最为活跃和广大的社会活力。党中央一直高度重视基层社会治理工作，习近平总书记曾多次强调：治国安邦重在基层，基层是一切工作的落脚点，社会治理的重心必须落到城乡、社区。党的工作最坚实的力量支撑在基层，最突出的矛盾和问题也在基层，必须把抓基层、打基础作为长远之计和固本之举。就此而论，此次《决定》关于基层治理的一系列制度安排，进一步激发了共建共治共享的活力，夯实了社会稳定、国家安全的基石。

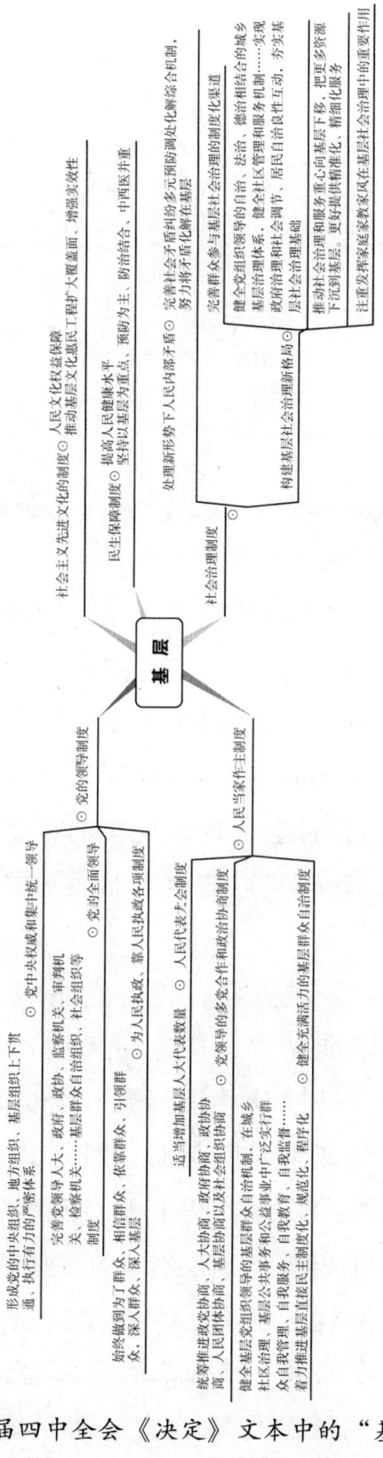

图9　中共十九届四中全会《决定》文本中的“基层”概念使用

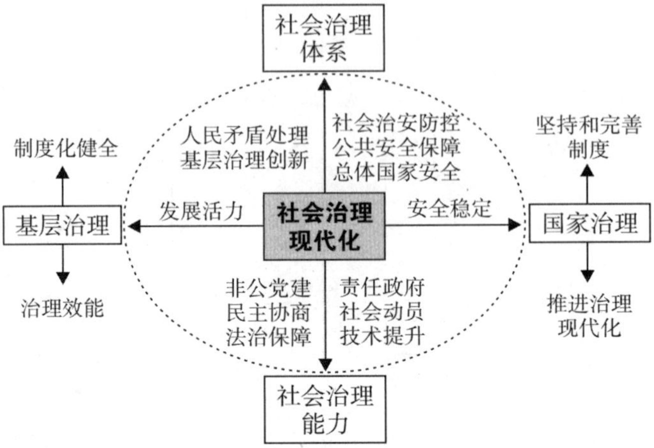

图 10　中共十九届四中全会《决定》中社会治理现代化的框架理解

基层治理也是把中国制度优势转化为国家治理效能的关键一环。实现基层社会治理现代化是推进国家治理体系和治理能力现代化的重要内容和应有之义，也是平安中国建设的重中之重。坚持和完善共建共治共享的社会治理制度，保持社会稳定、维护国家安全是推进中国特色社会治理现代化的重要遵循。根据中共十九届四中全会精神，新时代迫切需要加强基层社会治理领域的七大能力建设：

一是要完善社会领域党建，提升党组织对社会治理领导能力。二是加快政府职能转变，打造服务型责任政府，提升面向基层的治理能力。三是推动共识凝聚和合力汇集，提升广泛多层制度化的民主协商能力。四是激活社会动员，发挥社会力量对政府治理的有效协同作用，提升政社良性互动能力。五是加强居民教育，完善群众参与基层社会治理的制度化渠道，提升城乡居民参与基层治理的能力。六是坚持依法治国，形成保障有力的法律法规制度体系，结合德治、自治、共治等治理方式，提升基层社会治理的法治保障能力。七是优化社会治理手段，与时俱进地更新现代化治理技术，提升科技对基层社会治理的支撑能力。

（三）独特意涵：中国特色社会治理现代化的特征

中国特色的国家治理体系是在中国共产党领导下治理国家的制度体系，包括经济、政治、文化、社会、生态文明和党的建设等各领域体制机制、法律法规安排，也就是一整套紧密相连、相互协调的国家制度；国家治理能力则是运用国家制度治理社会各方面事务的能力，包括改革发展稳定、内政外交国防、治党治国治军等各个方面。国家治理体系和治理能力是一个国家制度设计和制度执行水平的集中体现。

现代化，毫无疑问是人类社会文明进步的标志和重要的目标追求。它意味着从传统文明向现代文明的范式转变，以及人的全面发展和自然环境的合理保护。由于国情的差异，每个国家所遵循的现代化路径和目标也相应地有所不同。

中国特色社会主义制度框架下的"社会治理现代化"意涵，是中国传统政治智慧和当代执政的成功经验与国际先进思想汇流融合的结果。①

重视社会的发展与治理，是中国长期以来的一个执政重点。1993 年，中共十四届三中全会第一次把"社会管理"列为政府的一项管理职能。2003 年，中共十六届三中全会把"社会建设和管理"列入"五个统筹"之中，作为落实科学发展观的必要

---

① 张小劲、李岩：《从语义图解到模式理解：〈关于全面深化改革若干重大问题的决定〉中关于治理问题的论述》，《当代世界与社会主义》2014 年第 1 期。

方面和必然要求。2004 年，中共十六届四中全会第一次提出“加强社会建设和管理，推进社会管理体制创新”。2007 年，中共十七大提出健全“党委领导、政府负责、社会协同、公众参与”的社会管理格局。自 2011 年以来，加强社会建设和创新社会管理，多次被中央明确要求摆在突出的位置上，成为新的政治话语和执政理念。2011 年，习近平同志在省部级主要领导干部社会管理及其创新专题研讨班结业式上提出了新时期社会管理工作的“五个强调”，指出“加强和创新社会管理，要同做好群众工作紧密结合起来……把群众工作贯穿到社会管理各个方面、各个环节，从源头上化解社会矛盾、维护社会稳定、促进社会和谐。”① 2012 年，中共十八大提出构建中国特色社会主义社会管理体系，加快形成“党委领导、政府负责、社会协同、公众参与、法治保障”的社会管理体制。直至 2013 年，中共十八届三中全会提出把“推进国家治理体系和治理能力现代化”列入全面深化改革的总目标，不仅在提法上使用“社会治理”替代了“社会管理”，而且将“社会治理”作为国家治理的重要组成部分，上升到了国家战略层次和法理高度，列入治国理政的顶层设计之中。此后不久，国务院在 2014 年政府工作报告也提出了“推进社会治理创新。注重运用法治方式，实行多元主体共同治理”。在一定意义上，这种变化体现了执政理念的重大转变，是中国特色社会治理现代化理论及其制度建设、改革举措的一次重大突破。2015 年，中共十八届五中全会提出了“完善党委领导、政府主导、社会协同、公众参与、法治保障”的社会治理体制。2017 年，中共十九大报告进一步提出“打造

① 《习近平在省部级主要领导干部专题研讨班结业式上强调群众工作是社会管理基础性经常性根本性工作》，《人民日报》2011 年 2 月 24 日。

共建共治共享的社会治理格局。加强社会治理制度建设，完善党委领导、政府负责、社会协同、公众参与、法治保障的社会治理体制，提高社会治理社会化、法治化、智能化、专业化水平”。

社会治理现代化的提出和制度体系完善，不但是一次崭新的理论尝试，也是人类社会重大的实践创新。中国特色社会治理现代化，一方面是治理理论在中国社会的创新性运用和实践，融入了双向互动、多元参与、绩效提升等现代化的内容；另一方面根植于中国社会行之有效的经验模式，是中国共产党领导下的共建共治共享，具有鲜明的强政府、大社会特征。中国共产党所提出的国家治理体系和治理能力现代化，是继“四个现代化”之后的“第五个现代化”。其本质要求是在中国共产党的领导下，通过坚持和完善经济、政治、文化、社会、生态文明和党的建设等领域各项制度机制和法律法规，最大限度地减少体制机制障碍和制度漏洞，使各方面制度更加科学、更加完善，实现各项事务治理制度化、科学化、规范化、程序化。

因此，中国特色社会治理现代化是一项长期、庞大而复杂的系统工程。它不单是基层治理组织协同市场、社会力量为促进基层社会系统协调运转，对社会系统的组成部分、社会生活的不同领域以及社会发展的各个环节进行组织、协调、监督和治理的过程，而且更为重要的是贯彻和落实党中央的顶层制度设计，以实践维度的基层社会治理能力和水平提升，夯实国家治理体系和治理能力现代化的基础，有力地支撑中国特色社会主义制度的坚持和完善。

（四）实践探索：打造共建共治共享的社会治理新格局

中共十八届三中全会提出把“推进国家治理体系和治理能力现代化”列入全面深化改革的总目标。“社会治理”作为国家治理的重要组成部分，上升到了国家战略层次和法理高度。中共十九大报告进一步强调加强和创新社会治理，对“打造共建共治共享的社会治理格局”做出了系统部署，为新时代的社会治理工作指明了方向，描绘了蓝图。在此基础上，中共十九届四中全会提出“建设人人有责、人人尽责、人人享有的社会治理共同体，确保人民安居乐业、社会安定有序，建设更高水平的平安中国”的阶段目标。

“十四五”时期（2021—2025 年），是在全面建成小康社会的基础上向基本实现社会主义现代化迈进的重要时期。由此，“十四五”时期打造共建共治共享社会治理体系，提升社会治理现代化水平和治理能力，不单是一项现代化治理的重要任务，更是贯彻落实中共十九大和十九届二中、三中、四中、五中全会精神的内在要求，推进国家治理现代化的重要着力点。

1. 社会治理现代化的指导思想与建设思路

打造共建共治共享的社会治理体系，推进社会治理体系和治理能力现代化，必须坚持以马克思列宁主义、毛泽东思想、邓小平理论、“三个代表”重要思想、科学发展观、习近平新时代中国特色社会主义思想为指导，全面贯彻中共十九大和十九届二中、三中、四中全会精神，准确把握发展形势与战略机遇，紧紧围绕统筹推进“五位一体”总体布局和协调推进“四个全面”战略布局，着力固根基、扬优势、补短板、强弱项，坚持和完善共建共治共享的社会治理制度，健全系统完备、科学规范、运行有效的共建共治共享社会治理体系，加强系统治理、依法治理、综合治理、源头治理，加强和创新社会治理，保持社会稳定，维护公共安全，构建社会治理共同体和新格局，努力实现社会治理体系和治理能力的现代化。

社会治理现代化是国家治理现代化的重要组成部分，更加重视制度、机制、体制和体系层面的建设，强调整体性的制度完备，既包含着所要达到的、现代化意义上的善治目标，也囊括了所应遵循的程序、制度和过程性的要求。打造共建共治共享的社会治理体系，必须坚持和完善党委领导、政府负责、民主协商、社会协同、公众参与、法治保障、科技支撑的社会治理体系，建设人人有责、人人尽责、人人享有的社会治理共同体，完善正确处理新形势下人民内部矛盾有效机制，完善社会治安防控体系，健全公共安全体制机制，完善国家安全体系，保持社会稳定、维护国家安全，确保人民安居乐业、社会安定有序。把现代社会治理的制度优势更好地转化为治理效能，为完善社会治理体制机制，打造现代社会治理新格局提供有力保证。

打造共建共治共享的社会治理体系，内在要求政府部门需要处理好与社会和市场的关系，优化政府职责体系与组织结构，构建职责明确、依法行政的政府治理体系，实现依法行政，科学执政，执政为民。在体系建构上，打造共建共治共享的社会治理体系需要突出以“共”为主要特征的治理特性，改变以往政府绝对主导的管理思维，转变政府角色，优化政府职能，强调政府与社会的良性互动，建构系统完备、科学规范、运行有效的制度体系，探索因地制宜、高度创新的试点试验体系，夯实权责对等、资源下沉的基层治理体系，打造政社互动、充满活力的社会动员体系。在能力建设上，打造共建共治共享的社会治理体系需要突出满足以“建”“治”“享”为主要目标的治理需求。在制度体系的完善层面，需要不断提高顶层设计能力，加强系统治理、依法治理、综合治理、源头治理，加强和创新社会治理，针对社会治理的不同领域，采用差异化的治理方式，树立精确化的治理目标，提升问题识别能力，不断提升人民群众在社会治理改革创新中的获得感。

结合发展定位，各地方因地制宜打造共建共治共享社会治理体系需要系统梳理社会治理的现状、经验和需求，借鉴国内外社会治理智慧，从“目标—体系—能力建设”三个维度设计工作思路。具体而言，即以建设共建共治共享的、具有标杆意义的社会良善治理为目标导向，健全体制机制，改进治理方式，实现社会治理体系现代化，推进社会治理能力现代化。在推进社会治理体系现代化方面，健全社会治理制度体系、创新探索（试点试验）体系、基层治理体系、社会动员体系，打造集“治理制度、试点试验、基层治理、社会动员”等多个方面于一体的共建共治共享社会治理体系。在推进社会治理能力现代化方面，重点提升社会治理领导能力、政社良性互动能力、公共安全保障能力、公共服务供给能力、社会自我调节能力、基层民主协商能力等各项能力。

要坚持党的领导、以人民为中心、科学系统、改革创新、依法行政、多元协同等社会治理原则，探索和创新符合特色的、可持续发展的社会治理体制和机制，建设人人有责、人人尽责、人人享有的社会治理共同体，确保人民安居乐业、社会安定有序，建设更高水平的平安社会。要优化制度顶层设计，更好地发挥体制优势和党组织的作用；要激发社会活力，鼓励社会力量、市场力量等多元主体参与社会治理，理顺政社关系，夯实社会治理基础；要坚持问题导向和需求导向，推行分层分类治理，更好地应对社会治理的多元化和差异化需求，避免、减少“一刀切”式的粗放性治理思维和举措，打造基层社会治理新格局，把社会治理水平提升到崭新的高度。

2. 健全体制机制，推进社会治理体系现代化

加快构建共建共治共享的社会治理体系，是中共中央作出的重要决策和战略部署，也是“十四五”时期应对社会治理需求日益增长的必然选择。加快构建共建共治共享的社会治理体系，需要从体制机制角度，不断健全制度建设，加强顶层设计，健全社会治理制度体系；推进试点试验，建立社会治理改革创新体系；重视城乡均衡，改进基层社会治理体系；激发社会活力，完善社会动员体系。既要大胆创新，也要善始善终，在保障社会秩序和谐有序的基础上系统推进社会治理体系的完善。

（1）加强制度设计，健全社会治理体系。中共十九届四中全会提出要“坚持和完善共建共治共享的社会治理制度，保持社会稳定、维护国家安全。社会治理是国家治理的重要方面。必须加强和创新社会治理，完善党委领导、政府负责、民主协商、社会协同、公众参与、法治保障、科技支撑的社会治理体系，建设人人有责、人人尽责、人人享有的社会治理共同体，确保人民安居乐业、社会安定有序，建设更高水平的平安中国”。完善社会治理制度体系，要突出制度和体系建设在社会治理格局中的基础性、战略性地位。社会治理是一个牵涉广泛、十分复杂的系统。当前社会治理的需求已经日益多元化、差异化。因此，对社会治理问题和需求的回应，应当系统而具体、有针对性和多样化的。解决各种社会治理问题，不但需要对具体领域形成深刻的洞察和

理解，还需要具备宏观的视野和体系化思维，对社会治理体制机制进行创新和探索。

完善社会治理制度体系，需要重视顶层设计。从横向的治理过程来说，需要围绕社会治理“发现问题—解决问题”的基本逻辑，引入治理过程思维，把社会治理体系划分为“需求发现和识别”“决策”“执行”“评估”等四个环节，形成一套细化治理环节、“闭环”体系化的社会治理机制。这种过程化、体系化的机制和思维，鼓励治理问题的“小循环”解决模式，基层不能解决的问题再上升治理层级，通过“大循环”加以解决，这样有助于改变某些简单化的、试图一劳永逸的解决社会治理问题的举措。从纵向的机构层级来说，为了保障社会治理体系的有效运行，还需重点推进社会治理信息化平台纵向一体化建设，从中央、省市县乡（街道）到村（社区），实现社会治理信息平台的对接；建立开放性的治理需求信息导入机制，以规避社会治理信息不对称、不共享、不完备等问题，加强部门协同；完善各层级协商民主机制建设，鼓励多元化主体参与社会治理，加强决策支持体系建设。

（2）推进试点试验，建立改革创新体系。改革试点是我们党和政府传统有效的工作方法之一，也是中国改革开放取得成功的一项基本工作策略。打造共建共治共享的社会治理体系，需要深化社会治理改革：启动对社会治理重点难点问题的改革试点工作，深化乡镇（街道）、社区管理体制改革；创新基层社会治理模式，完善社区分类治理、精准治理、特色治理等经验和模式。以区域为试点，以项目为试验的方式进行创新探索和推进，梳理正反两方面的经验。在社会治理改革创新过程中要坚持以下原则：一是坚持法治化原则，提出明确的试点范围和“试点责任清单”，研究并制定“禁行原则”和“禁行规则”，坚持推动改革成果尽快转化为试点地方的相关法律和法规；二是坚持创新性原则，在实践工作中，树立“共建是基础、共治是关键、共享是目标”的创新思维，以局部突破带动全面改革，以系统创新推动改革深化；三是坚持差异化原则，避免高度同质化的重复试点，在试验过程中首先应对顶层设计中需落实的任务进行层级和类型的科学划分，然后发展出与之相配套的试点工具包，最后进行差别化和科学化试点。

改革试点过程中需建立具体的运行机制：一是建立试点工作的协调机制，完善健全试点选择机制。这包括“集中式的协调”机制，“部门型的协调”和“层级化的协调”，以联席会议的形式或附加功能于既有改革协调机构的方式建立指导委员会，并用服务外包的方式委托知名智库或研究机构承担相应工作。在制度设计上，综合考虑制定配套的“试点工具包”，包括专家咨询机制、政策研究机制、试点地方的竞选机制、跨部门跨界协商机制等。二是建立系统监管和纠偏纠错机制，进行科学合理的试点评估评价。在试点过程中需要对整个社会治理试点的全过程实行监管，建立多元监管渠道，包括人大监督、政协监督、媒体监督、公众监督，以及委托第三方研究机构或特设机构进行的技术性监管。充分利用现代科技手段和大数据方法辅助监管。建立科学合理的纠错机制与容错机制，对试点工作的选择、启动、监管以及最后的结项，实行科学合理的评价评估机制。明确评估的操作标准，针对试点项目的不同类型，考虑相应的适配性评估标准。发展和完善多重复合主体的综合性评估体系，引入多种形式的第三方评估。三是建立试点创新经验的扩散和转化机制，在试点工作中进一步完善公众参与。社会治理创新，必须能够妥善应对三重任务，即先行先试与经验总结的关系；试点经验与顶层设计的衔接关系以及试点经验与推广扩散的关系。探索建立有效引入社会参与、公众介入的制度和机制，并且在试点工作中首先尝试这样的新制度和新机制。在试点工作建立发现和培养社会治理改革人才的机制，对勇于改革者应予以激励、保护和培养。

（3）重视城乡均衡，改进基层治理体系。打造共建共治共享的社会治理体系，需要进一步转变政府职能，改进公共服务提供方式，完善政府主导、覆盖城乡、持续发展、优质高效的基本公共服务体系，大力提升公共服务水平，全面增强基本公共服务能力，努力实现城乡基本公共服务一体化和均等化。要始终把更好地保障和改善民生，努力提高社会服务水平作为社会治理创新的根本出发点和落脚点，坚持社会治理与社会服务相结合，大力提升社会保障和公共服务水平，使社会治理成果更多、更公平地惠及全体城乡群众，不断增加人民的获得感、幸福感、安全感。在不断完善服务中有序推进社区社会治理创新发展，实现社区公共服务特色化。要按照社区规范化的建设标准，健全完善城乡社区服务功能。用治理思维推进城乡社会治理，明确政府和社会的责任界限，提倡社会主体通过自治方式解决自身主责的治理问题。拓展社会服务管理方式方法，改变以政府为唯一管理主体的网格化管理模式，培养并发挥居民依托共治平台进行自我管理、教育、服务的能力。要加强法治建设，推进科学立法、民主立法、依法立法，以良法促进发展、保障善治。要加强德治建设，强化道德约束，规范社会行为，调节利益关系，协调社会关系，解决社会问题。要引导公众用社会公德、职业道德、家庭美德、个人品德等道德规范修身律己，自觉履行法定义务、社会责任和家庭责任，自觉遵守和维护社会秩序。推进城乡基层社会法治、德治、自治“三治融合”。

改进基层治理体系需要改革优化城乡基层社会治理体制，强化乡镇（街道）属地统筹能力。根据城乡基层治理的客观要求和规律，强化基层属地在城乡治理中的综合职能，整合相关部门职责、机构和人员力量，设立统筹性的基层社会治理部门。理顺和规范乡镇（街道）与城乡专业管理部门的管理关系，强化各乡镇（街道）作为辖区城乡治理第一责任人的职责。建立行业管理职能部门常驻派出机制与挂牌机制，各专业部门执法力量下沉乡镇（街道），由乡镇（街道）对常驻单位和挂牌部门实行工作统筹，并依法赋予相关权限。建立乡镇（街道）综合联动执法体系，乡镇（街道）常驻派出与挂牌单位人员受乡镇（街道）和上级职能部门双重领导，建立乡镇（街道）与上级职能部门双向考核机制。

（4）激发社会活力，完善社会动员体系。新时代的社会治理需要广大人民群众的共同参与。激发社会活力，完善社会动员体系需要优化政社互动，凝聚区域社会资源，大力培育、扶持和引导社会组织发展，调动多种类型主体，完善政府购买公共服务的内容和机制，进一步激发社会参与活力。要理顺社会动员体制机制，增加信息透明性、确保居民的知情权，加强系统化、协调化的制度与机制设计，健全区域共建共治共享机制，树立大社会观、大治理观，打造全民可参与的开放治理体系。要建立覆盖社会组织、志愿服务、非公经济组织、属地驻区单位、居民等多种主体的社会动员体系。

全面推进社区志愿服务站的规范提升工作，完善基层志愿服务平台和体系，推进志愿服务制度化；进一步加快商务楼宇志愿服务站建设，努力实现社会领域志愿服务组织与工作全覆盖；加强非公有制经济“枢纽型”志愿服务组织建设，鼓励志愿服务组织依法登记，完善社区工作者与志愿者联动工作机制。争取到“十四五”末使城乡社区志愿服务站实现普遍覆盖。要改进和完善社会动员内容方式。加强在治理“大城市病”、社区共驻共建和自我管理、社会志愿服务等领域，以及节庆、会议、赛事活动等重要时期的社会动员。要围绕社会治理热点难点问题，动员引导居民自主解决关系自身利益的公共事务，引导社会单位履行社会责任，广泛开展结对共建、志愿服务、公益服务等活动，推进社会资源共享。加强对重大活动和应急管理的社会动员机制，形成信息渠道畅通、工作协调统一的长效机制。组织动员社区、社会组织、非公有制经济组织及社会公众积极参与突发事件预防与处置工作，群防群治，保障社会安全平稳运行。要加强综合协调，强化各级各类社会动员平台联动能力，形成横向与纵向相交错的资源链接网络，实现平台之间的有效联动。以有效的信息沟通、良好的统筹协调和明确的职责分工来共同处理社会事务，支撑社会治理绩效的提升。

3. 改进治理方式，推进社会治理能力现代化

（1）完善社会领域党建，提升社会治理领导能力。新时代社会领域党建工作，对打造共建共治共享的社会治理体系具有重要意义。探索适合自身发展阶段和治理要求的社会治理模式，打造共建共治共享的社会治理体系离不开党组织的坚强引领。要积极发扬党的优良传统和实事求是的精神，巩固群众路线教育实践活动成果，提高党建水平，以党建创新引领社会治理创新。要全面加强城乡社区、企业商圈、社会组织等社会领域党建工作。深化区域化党建，针对不同社区、社会组织以及其他社会和市场主体，因地制宜地开展党组织的各项工作。探索完善区域化党建工作协调委员会制度，以组织联建、工作联动、活动联办、目标联创等方式，形成条块结合、以块为主的区域化党建工作机制，实现驻区单位党建、行业党建和区域党建互联互动。要逐步提升党组织和党员动员社会、组织群众的能力和水平。规范商务楼宇党建服务站建设，加快推进党组织和党的工作在商务楼宇、社会组

织中的有形覆盖和有效覆盖。要深入推进服务型党组织建设，深化社区党建网格化建设。

（2）引导社会组织发展，提升政社良性互动能力。需以“枢纽型”社会组织为纽带，以社区社会组织为基础，鼓励专业社工机构发展，建立各级各类社会组织培育扶持机制，扩大社会组织工作网络的覆盖面。一是加强“枢纽型”社会组织体系建设，加大对各类“枢纽型”社会组织的认证和发展力度，探索把具有良好影响的专业性社工组织纳入到“枢纽型”社会组织认定范畴，建成资源共享、互助发展、联系广泛、运行有序的多领域、多层级的“枢纽型”社会组织工作体系。二是改进创新社会组织管理模式。按照政社分开、依法自治、平等发展的要求完善对各类社会组织的管理，推进政府职能转变，为社会组织发展和作用发挥让渡空间。三是加大社会组织培育扶持力度。完善社会组织备案登记制度，提高社会组织注册登记审批效率。鼓励社会组织参与社会治理，将适合社会组织提供的公共服务事项、社会服务职能交由社会组织承担。四是加快推进社会组织规范化建设。加强社会组织内部治理结构建设，推进社会组织诚信自律，提高社会组织自我管理、自主发展的能力和水平。五是加强社会组织发展方向的引导，充分发挥社会组织的治理功能。以满足社会需求、解决社会问题为重点，引导社会组织重点开展扩大和新增公共服务、多元参与社会治理和社会公益等项目。发挥基层协商民主对社会组织的培育和引导作用，积极拓宽社会组织参与社会治理渠道，引导社会组织不断提升公共服务能力，协助政府推进社会治理。六是健全社会组织参与基层社会治理的机制与途径。把社会组织作为反映表达基层民众社会需求的重要渠道，建立更加完善的社会治理需求信息反馈机制。鼓励社区社会组织参与社区治理，在共同协商解决社区事务的过程中发挥更大的作用，形成基层协商民主与社区的组织化利益表达相互促进的良好局面。可学习借鉴北京“社区责任规划师”的相关治理经验，充分发挥地方高校和科研机构的智力优势，积极引导地方院校和专业社会组织参与到地方社会治理中来，提高社区智力精细化水平。制定加强社会组织和非公有制经济组织志愿服务工作的实施方案，鼓励建立专业性志愿服务协会组织，推动形成组织健全、覆盖全面、形式多样、制度完善的社会领域志愿服务体系，充分发挥社会组织在社会动员中的重要作用。

（3）强化社会风险防控，提升公共安全保障能力。要健全城乡公共安全治理体系，完善公共安全问题的应对机制。一是注重运用新型治理技术，提高城乡社会风险防控能力。以互联网信息技术助力公共安全治理，健全社会稳定风险识别、评估、控制等社会治理风险管理制度和信息化系统，完善有效预防和化解社会矛盾机制。加强对突发事件的应急管理水平，提升覆盖“传统安全”和“非传统安全”的城乡公共安全保障能力，提升城乡公共安全监控和预警应急能力，深化安全生产管理体制改革，建立隐患排查治理体系和安全预防控制体系，开展交通枢纽、群租房、地下空间、特种设备、城乡接合部等重点领域和地区专项整治行动，坚决遏制重特大事故发生，全力维护城乡安全稳定。二是加强社会参与型公共安全机制建设，提高城乡社会应急管理能力。要健全“横向到边、纵向到底”的公共安全分级分类管理机制，开展区域风险管理、专项风险管理、综合风险统筹协调，以及跨地区的应急救援机制建设。加大安全教育和培训力度，强化应急管理的专家辅助机制。重视城乡非传统公共安全保障，提升对水力、电力、交通、卫生、食品药品等方面的公共安全保障能力。三是改进公共安全领域的治理方式，创新社会矛盾预防和化解机制。依托大数据技术，整合政府部门信息数据，积极构建社会征信系统，健全公共安全信息共享体系，加强对辖区人、地、事、物、组织等基础数据，以及不同群体诉求数据的收集、联通和回应，科学制定公共安全措施。贯彻落实《关于完善矛盾纠纷多元化解机制的意见》，完善新形势下预防化解社会矛盾纠纷的方法途径，建立健全有机衔接、协调联动、高效便捷的矛盾纠纷多元化解机制，有效预防和化解社会矛盾纠纷，着力解决影响社会稳定的源头性、根本性、基础性问题。要加强矛盾纠纷多元化解制度建设，完善群防群治体系，加强社区综合公共安全治理和社区警务建设，动员社会力量在综合公共安全管理中发挥更大作用。搭建形成社会心理服务平台，健全完善社会心理服务机制，创新社会心理服务模式，建立健全社会心理服务体系和疏导机制、危机干预机制，有效防范和降低社会风险，从源头上预防和减少社会矛盾。

（4）深化社会服务改革，提升公共服务供给能力。要深化社会服务改革，拓展公共服务供给途径和方式。在发展思路上，把适合采取市场化方式提供、社会力量能够承接的公共管理和服务事项，纳入政府购买公共服务范围，进一步放宽准入、降低门槛，重点扶持发展社区生活服务类、社区公益慈善类和社区专业调处类的社会组织，重点加强环境卫生、家政服务、居民矛盾调解、经济人口普查等需要专业技能工作类别的社会化购买探索。在制度流程上，完善以项目申报、预算编报、项目评审、资质审核、履约监管、绩效评价等为主要内容的规范化流程，促进社会组织持续健康发展。要整合完善政府公共服务管理平台。完善政府购买服务指导性目录，提升各职能部门分管的各类公共服务协同性，避免重复立项与多重申报。整合部分行政机关、参公事业单位以及群团组织购买服务主体，并统一纳入到购买服务管理平台统筹协调中来。要加强乡镇（街道）层级的公共服务供给能力。加强乡镇（街道）社区服务中心建设，乡镇（街道）社区服务中心是服务社区居民和社会组织的公益性事业单位，主要承担统筹协调社区服务资源、管理运营社区服务平台、组织开展公益服务和便利服务的职责。要加强乡镇（街道）社区服务中心标准化建设，规范硬件设施、人员配备、服务项目、管理制度。推进乡镇（街道）社区服务中心社会化改革，建立“政府出资购买、社会组织运营、全程跟踪评估”的运营模式，通过公办民营、项目委托、项目补贴等方式，协调社会组织承接运营社区服务事项，形成政府推动、社会组织承接、社区居民参与的社区服务中心社会化运营格局。要调整梳理政府购买服务的财税政策。建立社会力量公平承接与公开竞争的格局，探索将履行政府职能的事业单位使用财政性资金购买服务的项目纳入统一的政府购买服务范围。重点关注政府购买服务与机构编制管理的衔接问题，避免重复投入现象，将深化事业单位改革工作与政府购买服务工作有机衔接，推动事业单位与主管部门理顺关系，根据实际情况及时调整机构编制和经费。财政部门要对重点领域和重点项目政府购买服务资金使用效益进行监督检查和绩效评价。充分发挥服务对象和第三方在确定购买内容和绩效评价工作中的作用，建立完善社会力量承接政府购买服务的信用体系。

（5）促进社会自我调节，提升城乡居民自治能力。实现社会治理体系和治理能力现代化需要增强社会自我调节功能，提升居民自治能力。要加强对社区自治过程的指导，主动帮助搭建有利于社区、楼宇居民协商共治的空间与平台，充分发挥社区带头人对社区治理工作的牵头和引领作用，激活居民参与社区治理的能力和积极性。促进社会资本的培育富集，加强社区内熟人圈建设，塑造形成能够减少社区运转成本的居民互惠规范，降低社区治理的成本，克服集体行动的搭便车困境，让社区居民参与到社区治理的过程当中，逐步提升居民参与社区自治的能力，提升社区治理水平。要注重帮助社会主体建立起社会自我管理的空间边界、群体边界，制定社会自我动员过程中的外部约束机制，使城乡社区建立起自我管理的良性循环。要加强基层协商民主建设，变“反映问题”为“共商共治”，将居民民主协商过程转变为共同解决问题的有效途径。要加大社会力量整合力度，动员社会各方参与，逐步构建起全域覆盖、立体联动、全员参与的共商共治工作网络。引导公众用社会公德、职业道德、家庭美德等道德规范修身律己，自觉履行法定义务、社会责任和家庭责任，自觉遵守和维护社会秩序。要加强行业规范、社会组织章程、村规民约、社区公约等社会规范建设，充分发挥社会规范在协调社会关系、约束社会行为等方面的积极作用。

（6）优化社会治理手段，提升治理技术应用能力。打造共建共治共享的社会治理体系需要创新治理技术手段，提升城乡治理的智能化水平。一是依托“互联网＋”等新兴技术，大力拓展在市政管理、社区建设、人口管理、交通管理、公共安全、应急管理、社会诚信、市场监管、检验检疫、食品药品安全等领域的信息化体系建设，改造管理流程，提升城乡管理精细化水平。充分利用信息平台挖掘社区社会资源，利用智慧信息机、社交平台APP等智能终端应用或移动应用，建立社区向终端反馈治理需求的信息交流机制。二是加快公共信用信息数据库平台的建设，贯穿政务、商务、社会、司法四大领域，探索以公民身份证为基础的公民统一社会代码制度的方案，建立和完善以组织机构代码为基础的法人和其他组织统一社会信用代码制度。三是整合既有部门信息数据挖掘大数据应用，打破信息壁垒，提升在查询、评估方面的易用性和可实现性，实现评价结果与信用信息的同步。四是充分运用大数据治理技术，为社会治理提供技术支撑。按照融合、处理、分析挖掘这三个围绕大数据的基本步骤要求，加快底层数据的集成与融合，建立大数据标准，加强海量异构数据建模与融合、海量异构数据列存储与索引等关键技术研发，为给予底层数据集成的信息共享提供标准和技术保障。加大信息挖掘技术政府购买服务，利用企业委托方式，重点挖掘大数据在缓解交通拥堵、保护生态环境、创新民生服务、优化城乡运行管理模式等方面的巨大潜力，最终利用大数据为风险监测、科学决策、便民服务提供技术支撑。五是借助新兴技术推进社会空闲存量资源有效利用。要积极鼓励市场主体的创新经营理念，充分利用互联网信息技术，克服传统资源利用信息不对称，鼓励各类“共享经济”“有偿共享经济”模式，减少资源无效利用、不充分利用及浪费，缓解“城市病”及公共资源紧张状况。六是加强社会个人与行业信用体系与失信惩戒制度配套建设，加强金融业统一征信平台与行政执法信息平台关联建设，推动形成市场性约束和惩戒手段，使失信者在市场交易中提升门槛或受到制约。七是推动街道层面的统一居民信息数据库平台建设，推动居民信息数据库平台与街道社区管理体系的深度融合，打破部门间信息孤岛，不断优化、简化针对居民的行政审批办理环节。尝试探索建立自动化证明、审批流程，简化居民办理各项手续的程序，提升街道、社区工作人员的工作效率。

（五）蓝图展望：中国特色社会治理现代化的图景与要求

1. 中国特色社会治理现代化的内在要求

中国特色社会治理现代化，系统包含了治理结构的合理化、治理方式的科学化、治理过程的民主化等三个维度。

具体而言，治理结构的合理化就是要破除制约治理现代化的结构性障碍，改革和完善一系列相关机制，主要包括健全基层群众自治制度，推动治理和服务重心下移和资源下沉，推行完善网格化、职工代表大会等已有的一些治理经验和制度。治理方式的科学化就是要改变与治理现代化要求不相匹配的方法手段，因地制宜，精细精准，主要包括在党的领导下合理运用自治、法治、德治相结合的手段，实现政府治理和社会调节、居民自治良性互动。治理过程的民主化就是扩大治理现代化进程的协商参与，调动社会资源，激发社会活力，主要包括发挥群团组织、社会组织的作用和功能，尊重民意诉求的正常表达，保障群众的合法权益。

中国特色社会治理现代化，意味着要根据现代化的治理理念，采用现代化的治理方式，达到现代化的治理效率；也意味着政府、市场、社会多种主体力量共同建设、共同治理、共同享有，形成政府、市场、社会三种治理机制互相协调、互为支撑，并且有效规避政府失灵、市场失灵、社会失灵，实现成果丰硕、风险可控的社会治理良好局面；更意味着加强系统治理、依法治理、综合治理、源头治理，构建系统完备、科学规范、运行有效的组织运行、评价反馈、支撑保障等制度体系，进一步提升治理效能，维护社会秩序和国家安全。

与此同时，中国特色社会治理现代化，还需要认识到其内在矛盾和张力，尤其是要处理好和谐有序与激发活力、促进发展与保障安全的均衡关系。从根本上讲，推进中国特色基层社会治理体系和治理能力现代化，就是着眼于维护最广大人民根本利益，正确处理政府、市场和社会之间的关系，解决好人民最关心、最直接、最现实的民生关切问题，最大限度地增加和谐因素，激发社会组织活力，实现政府治理和社会自我调节、居民自治良性互动模式，确保人民安居乐业、社会安定有序，建设更高水平的平安中国。

2. 中国特色社会治理现代化的图景展望

中国所开启的、正在持续推进的社会治理现代化，是一个反复实践、经验总结、制度设计的长期过程。中国特色社会治理现代化制度的建构与完善，经历了从社会管理向社会治理逐步转型的多个阶段。中共十九届四中全会《决定》文件作出的一系列战略部署和任务安排，标志着中国特色社会治理现代化制度体系的基本成熟和定型，未来要进一步坚持和完善。中国特色社会治理现代化，其核心是坚持和完善共建共治共享的社会治理制度，保持社会稳定、维护国家安全，是党领导下“五位一体”制度体系的重要组成部分。

中国特色社会治理现代化，具有显著的独特意涵和特征。在基本意涵上，体现了马克思主义中国化的指导精髓，保证了根植于中国国情，传承中国文化，回应与时俱进的治理要求的有机统一。在制度设计上，明确提出了多元主体的功能定位，主要治理原则和方法，共建共治共享的框架要求，以及责任与成果共担的共同体思想。与此同时，强调既要激发社会活力，也要保障和谐有序，重视顶层设计的基层落实，把制度优势切实转化为治理效能，并且通过广泛的扫黑除恶、精准扶贫等一系列具体治理举措和行动方案，以覆盖城乡的一体化治理引领中国社会治理制度的现代化重建和伟大实践。

作为国家制度顶层设计的重要领域和国家治理的重要方面，加强和创新社会治理，其重心和难点均在基层。基层治理是把中国制度优势转化为国家治理效能的关键一环。实现基层社会治理现代化是推进国家治理体系和治理能力现代化的重要内容和应有之义，也是平安中国建设的重中之重。围绕健全充满活力的基层群众自治制度，构建基层社会治理新格局等建设重点，要进一步提升基层社会治理的能力和水平，要处理好和谐有序与激发活力、促进发展与保障安全的均衡关系，形成一套行得通、真管用、有效率的，共建共治共享的社会治理制度，达成社会稳定、国家安全的治理目标。

综上所述，中华人民共和国70余年的发展历程，探索出一条中国特色社会主义的制度体系和道路选择，为人类社会（尤其是发展中国家）治理的现代化进程贡献了中国智慧和中国方案，解决了从一个相对贫困落后的发展中国家转变为拥有系统完备的治理制度的现代化国家的难题。中共十九届四中全会开辟了中国特色社会主义制度建设的崭新阶段，为推进国家治理体系和治理能力现代化作出了更为明确、系统、完备的战略部署。

实现良善治理是人类社会发展的重大命题，对社会治理的探索、理解和经验总结永无止境，其具体实践也必然是开放的。正是从这个意义上，中国特色社会治理的概念、理论，以及一系列制度设计，构成了与欧美发达国家不同的体系类型，其生命力和优越性仍将在中华民族伟大复兴和建设社会主义现代化强国的未来进程中加以进一步的释放。

五

提升基层治理效能的现代化实践创新

历经改革开放40余年的快速发展，中国取得了举世瞩目的成就，同时也面临新的、更加宏大的国家治理任务。在中共十八届三中全会上，社会治理被列入到治国理政的顶层设计之中。中共十九大报告提出打造共建共治共享的社会治理格局。中共十九届四中全会则对新时代的社会治理提出了新要求，明确提出构建基层社会治理新格局，为接下来的社会治理工作进一步指明了方向。

基层是社会治理的重心、难点所在。习近平总书记对基层社会治理工作作出的一系列重要论述和指示，系统阐明了新时代基层社会治理的战略定位、宗旨原则、目标任务、路径方法和保障要求，把我们党对基层社会治理的规律性认识提升到了新高度，为做好基层社会治理工作指明了方向、提供了根本遵循。习近平总书记指出，治国安邦重在基层，基层是一切工作的落脚点，社会治理的重心必须落到城乡、社区。党的工作最坚实的力量支撑在基层，最突出的矛盾和问题也在基层，必须把抓基层、打基础作为长远之计和固本之举。实现基层社会治理现代化是推进国家治理体系和治理能力现代化的重要内容。加强和创新社会治理，推进社会治理体系和治理能力现代化，其重心和难点均在基层。实现基层社会治理现代化是推进国家治理体系和治理能力现代化的应有之义，也是平安中国建设的重中之重。研究推进基层社会治理体系和治理能力现代化建设，是中国特色社会主义进入新时代的客观要求，是解决新时代中国社会主要矛盾的本质规定，是全面建设社会主义现代化强国的现实需要，也是新时代社会治理发展和创新的总目标和新要求。从根本上讲，推进基层社会治理体系和治理能力现代化，就是着眼于维护最广大人民根本利益，正确处理政府、市场和社会之间的关系，解决好人民最关心最直接最现实的利益问题，最大限度地增加和谐因素，激发社会组织活力，实现政府治理和社会自我调节、居民自治良性互动模式，确保人民安居乐业、社会安定有序，建设更高水平的平安中国。

当前，中国基层社会治理面临着许多新机遇和新挑战。随着工业化、信息化、城镇化、农业现代化快速发展，经济结构深刻变革、利益格局深刻调整、思想观念深刻变化、社会结构深刻变动，社会治理面临的形势环境变化带来的矛盾风险和挑战之多前所未有，给这一系列的新挑战新要求寻找破解难题、补齐短板的主要抓手是什么？如何实现基层社会治理体系和治理能力的现代化、精细化？如何提升基层社会治理的效能，把中国特色的社会治理制度优势更好地转化为治理效能？如何根据当前基层社会治理所面临的新形势新挑战，从推进制度建设的角度提出有针对性的思路和举措？新时代推进基层社会治理现代化需要在习近平新时代中国特色社会主义思想指引下，科学认识基层社会治理的问题与挑战，不断研究新情况、适应新变化、解决新问题，要从社会治理体制机制、方法手段和改革路径等方面进行深度思考和探索，在有限的政策空间中找到解决问题的有效方法，从而开创新时代基层社会治理工作新局面。

社会治理是国家治理的重要方面。基层治理则是国家治理的基石。中共十九届四中全会《决定》文本中尤为鲜明的一点就是对基层的高度重视，明确提出了构建基层社会治理新格局，健全充满活力的基层群众自治制度等重要举措，体现了顶层设计与基层思维的辩证统一和有机结合。

（一）基层治理现代化的意涵界定与总体要求

习近平总书记明确指出，国家治理体系和治理能力是一个国家制度和制度执行能力的集中体现。国家治理体系是在党领导下管理国家的制度体系，包括经济、政治、文化、社会、生态文明和党的建设等各领域体制机制、法律法规安排，也就是一整套紧密相连、相互协调的国家制度；国家治理能力则是运用国家制度管理社会各方面事务的能力，包括改革发展稳定、内政外交国防、治党治国治军等各个方面。提升新时代基层治理效能，实现基层治理体系和治理能力现代化需要基于学界的已有研究，对基层治理进行概念上的界定和澄清。

1. 何为基层组织？

基层这个概念来源于地理学和建筑学。在地理学中，有“基岩”的说法，指的是冲积层之下较坚硬的岩石，一般是灰岩、花岗岩、砂岩和页岩等，其表面常常有致密的黏土层。在建筑学中，基层是一建筑名词，指的是面层下的构造层。从绝对性意义上理解，基层指的是各种组织中最低的一层，它跟群众的联系最直接。在党章的规定中，党的基层组织是指在工厂、商店、学校、机关、街道、合作社、农场、乡、镇、村、人民解放军连队和其他基层单位设立的党的基层委员会、总支部委员会、支部委员会。在政府科层制结构中，基层处于权力机构的末梢，在现实中主要是指我们国家乡镇一级的政府部门，或者指城乡社区一级的组织机构，以及行政部门中最低层级的职能部门。城市中的街道办事处也是基层单位。基层治理单位需要面对两大关系，上对职能部门，下对人民群众，基层单位职能需要适当地向上延伸和向下延伸。

2. 何为基层治理现代化？

现代化是一个客观性的世界变化，也是人类文明进步的标志。作为一种文明的进步，现代化意味着从传统文明向现代文明的范式转变，以及人的全面发展和自然环境的合理保护，它发生在政治、经济、社会、文化和生态等各个领域。现代化包括了从传统政治向现代政治、从传统经济向现代经济、从传统社会向现代社会、从传统文化向现代文化四个方面的重大转型。现代化也是世界各国的一个发展目标。每个国家由于自身国情的不同，对自身现代化目标的设定也不同。例如，第三届全国人民代表大会第一次会议曾提出“四个现代化”的宏伟目标，提出今后发展国民经济的主要任务，是要在不太长的历史时期内，把我国建设成为一个具有现代农业、现代工业、现代国防和现代科学技术的社会主义强国。中共十六届六中全会将“富强、民主、文明、和谐”作为新时期中国社会主义现代化建设的目标。中共十八届三中全会旗帜鲜明地提出推进国家治理体系和治理能力现代化，这是继农业、工业、国防和科学技术现代化之后的“第五个现代化”。推进国家治理体系和治理能力现代化的本质要求是通过创新和完善经济、政治、文化、社会、生态文明和党的建设等领域各项制度机制和法律法规，最大限度地减少体制机制障碍和制度漏洞，使各方面制度更加科学、更加完善，实现各项事务治理制度化、科学化、规范化、程序化。

治理现代化一个很重要的文化观念基础是“合约”，合约要求对等的谈判和同意。现代化社会的一个重要特征是广泛的合约建立，基于同意的合约性治理，对多方的制约和控制系统，以及通过理性自我约束和社会信用体系的建立。人们依靠自己的理性以及合约观念从而遵守法律和各项规章制度，它的背后要求有现代化的法治体系作支撑。

现代化的基层治理意味着要根据现代化的治理理念，采用现代化的治理方式，产出现代化的治理效率，使基层社会治理成果丰硕、风险可控。同时，还应规避政府、社会、市场的共同失灵，形成三者互相协调、互为支撑的现代基层社会治理体系新格局（参见图 11）。

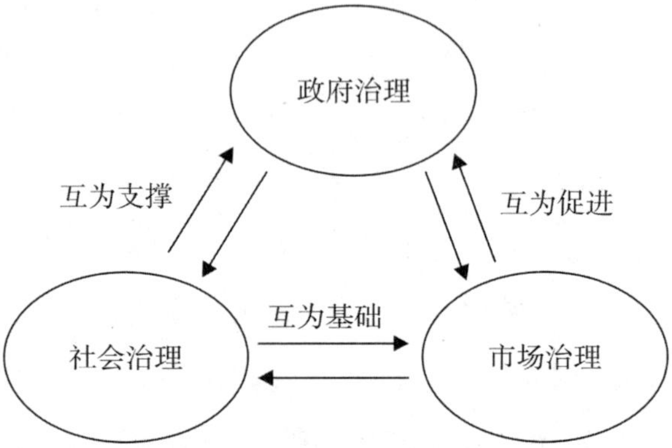

图 11　政府、社会、市场协同治理格局

现代化的基层治理意味着当政府治理失灵时，市场机制和社会机制可以进行弥补和监督。当市场机制失灵时，政府治理和社会治理可以有效应对市场失灵所带来的问题。当社会治理失灵时，政府和市场可以发挥其牵引作用，培育健康活力的社会力量，引导社会治理步入正轨。也就是说，在基层社会治理实现现代化以后，社会力量和市场力量成为政府治理的重要帮手，三方各守其位，各负其责，各安其分。

现代化的基层治理的新格局意味着政府、社会、市场三方力量共建共治共享，大家共同建设、共同发展、共同治理，发扬公共精神与公益精神，实现系统治理、依法治理、综合治理、源头治理，构建系统完备、科学规范、运行有效的组织体系、制度体系、运行体制、评价与反馈体系和保障体系，从而实现基层良好的社会秩序，维护国家安全。

社会治理的意涵是研讨基层治理现代化的逻辑起点。社会治理，可以视为“社会”和“治理”两种意涵的有机结合，是治理理论在社会领域的运用。它强调双向互动、多元参与等特征。[①]中国社会治理的实践经验是以法治为基础的多元主体共同治理，“强政府、大社会”是其模式导向。[②] 一般而言，社会治理是以实现和维护群众权利为核心，发挥多元治理主体的作用，针对国家治理中的社会问题，推动社会有序和谐发展的过程。社会治理中的行动者是一个由政府、非政府组织和其他社会自治力量构成的行动者系统。[③] 鉴于“社会”是一个开放演化、具有耦合作用和适应性的复杂网络系统，因此，社会治理是一项庞大而复杂的系统工程。[④] 基层社会治理就是基层政权组织协同市场和社会力量为促进基层社会系统协调运转，对社会系统的组成部分、社会生活的不同领域以及社会发展的各个环节进行组织、协调、监督和治理的过程。城乡社区就是基层社会治理的基石和基本单元，是撬动社会治理的支点，是落实党的路线方针政策的“最后一公里”，是党的执政根基。

基层社会治理是国家治理的重要方面，要坚持和完善现有的社会治理制度体系，固根基、扬优势、补短板、强弱项，构建系统完备、科学规范、运行有效的基层社会治理制度体系，加强系统治理、依法治理、综合治理、源头治理，把社会治理制度优势更好转化为治理效能。推进基层社会治理创新是一项综合系统工

---

① 李强：《创新社会治理体制》，《前线》2014 年第 1 期。

② 王名、蔡志鸿、王春婷：《社会共治：多元主体共同治理的实践探索与制度创新》，《中国行政管理》2014 年第 12 期。

③ 张康之：《论主体多元化条件下的社会治理》，《中国人民大学学报》2014 年第 2 期。

④ 范如国：《复杂网络结构范型下的社会治理协同创新》，《中国社会科学》2014 年第 4 期。

程，涉及各个方面、各个领域的利益调整，必须加强和创新社会治理，完善党委领导、政府负责、民主协商、社会协同、公众参与、法治保障、科技支撑的社会治理体系，建设人人有责、人人尽责、人人享有的社会治理共同体，正确处理好国家与社会、政府与市场的核心关系，将问题解决在基层，将矛盾化解在基层，让群众有更多的归属感、安全感、幸福感、获得感，从而构建新时代基层社会治理新格局。

3. 基层治理的经验模式

在现代化的基层社会治理中，治理模式的创新尤为重要。加强和创新社会治理，逐步实现社会治理结构的合理化、治理方式的科学化、治理过程的民主化，将有力推进国家治理现代化的进程。中国社会治理的转型，除了要注意到复杂、曲折、迅猛的历史过程，其核心是回答如何在经济快速转型发展的情况下，最大限度地保持社会和谐有序。[①] 新型社会体制建设要适应社会治理主体多元化的现实要求，从政府垄断社会管理转变为与其他社会治理力量合作治理。现代化社会治理将挑战既往的社会秩序和管理方式，重点在于发挥政府机制和社会机制的双重作用，实现多主体“协同治理”。[②] 同时，自治、法治、德治三者必须有机结合。[③] 此外，西方国家的社会治理思想和实践也对中国的社会治

---

① 李友梅：《当代中国社会治理转型的经验逻辑》，《中国社会科学》2018 年第 11 期。

② 燕继荣：《社会变迁与社会治理——社会治理的理论解释》，《北京大学学报》（哲学社会科学版）2017 年第 5 期。

③ 郁建兴、任杰：《中国基层社会治理中的自治、法治与德治》，《学术月刊》2018 年第 12 期。

理创新具有一定的借鉴意义和启示。[①]

基层社会治理现代化需要遵守基层社会治理的内在逻辑，供给充足的制度资源。汪世荣对“枫桥经验”的研究，展现了完善社会规范等治理制度体系对基层治理绩效的卓越影响。[②] 此外，社会工作与社会治理具有高度契合性[③]，社会组织参与社会治理是题中之意，也是政社合作的内在要求[④]，应加快培育与发展社会组织，并提高其地位和作用。曹海军等通过考察上海、北京等地政府与社会组织、公众的关系，可以归纳出“政社合作”“协同治理”“三社联动”等多种基层社会治理模式。

综上所述，学界围绕基层社会治理已经开展大量研究，指出了中国情境下基层社会治理的特殊性、复杂性、艰难性，尤其在社会治理创新的背景、意涵、重点和地方性经验方面，做了大量翔实的阐述。基层社会治理不是镜花水月，需要与所处的时代背景、属地特性、方式方法、具体技术等相适应。就公共政策的现实选择而言，还需要从一般意义上进一步深化对基层社会治理的规律性认知，并转化为更具针对性和实践指导意义的政策选项。

---

① 孙晓莉：《西方国家政府社会治理的理念及其启示》，《社会科学研究》2005年第2期。

② 汪世荣：《“枫桥经验”视野下的基层社会治理制度供给研究》，《中国法学》2018年第6期。

③ 王思斌：《社会工作在构建共建共享社会治理格局中的作用》，《国家行政学院学报》2016年第1期。

④ 杨丽、赵小平、游斐：《社会组织参与社会治理：理论、问题与政策选择》，《北京师范大学学报》（社会科学版）2015年第6期。

（二）推进基层治理现代化的形势研判

1. 当前基层治理面临的形势变化

改革开放40多年来，随着经济全球化和城镇化的快速推进，中国社会发生了翻天覆地的变化。截至国家统计局2019年7月发布的数据，中国城镇常住人口增加到8.3亿人，城镇化率提升到近60%。特别是在1978—2018年，中国城镇常住人口从1.7亿人增加到8.3亿人，城镇化率从17.92%提升到59.58%，城市数量从193个增加到672个，建制镇数量从2176个增加到21297个，城市治理成为国家治理的最重要方面。

在改革开放以前的单位制社会时期，中国的社会治理体制是典型的“双重治理”结构。1950年代中国的政治变革，推动了一系列的社会重组，包括社会关系、组织关系和治理关系的重组，建立起一套新而独特的“公共与个人”连接系统。这个系统的特点在于：一是覆盖广阔，基本上覆盖了90%甚至更多的社会成员；二是三级（国家、单位、个人）连接；三是单位责任包干到人，即俗称的“谁家的孩子谁抱走”，绝大部分的社会事务，都由人们所在的单位（城市）或行政村（乡村）处理；四是存在等级、自上而下的资源再分配，等级越高的组织具有越大的资源分配权。在这种组织关系中，存在两个治理的角色：一是政府，主要职能是政策决定和资源再分配，具体的工作是制订计划，下发指令（文件），审批和调拨资源；二是单位，主要职能是执行政府的指令，按照指示，实施社会治理，并提供公共品，例如教育、就医、住房等。在这个意义上，单位成为政府的延伸机构，它的独特性是代理政府的部分职能。两个角色的分工是，前者发布指令，后者实施社会治理。在双重治理结构中，单位实际上承担了分配资源、连接、协调、庇护、应责和代表的职能。单位在个体和公共之间的中介地位，是国家“整合能力”存在的结构性基础。这一结构，成功“消解”了社会冲突进入（单位以外）公共领域的动力。政府负责分配资源，但对组织（单位）不对个人；它有连接作用，确定单位间等级，平衡组织利益；它的协调职能平衡的是单位间关系，处理争诉、仲裁和政策调整；它庇护相关的组织。由于有大量的单位作为代理政府存在，政府没有充分地发展出直接面对受众的应责和代表的职能。①

伴随改革开放的进程，中国社会的组织化结构出现重大转型。20 世纪 90 年代中叶以后，随着国企改革的推进和社会主义市场经济体制的逐步建立，广泛的社会流动出现，离开单位的人数日益增长。留存下来的单位经济职能扩张，社会治理职能收缩。对个体而言，可以通过单位通道连接公共制度的个体数量急剧减少，不少人的“组织身份”消失，自己的事儿没人管了，其身边的责任组织消失了。离开单位后，其与国家的组织化连接一旦消失，法律和公共制度给予他们的权益，就难以经由组织途径获得实现。如果适应公共社会的应责和代表机制不够健全，很多社会诉求找不到解决回应的途径，不公正感就容易在社会中逐渐积累，社会不满情绪就容易转向问责政府，发生政治性转化。当前的基层治理问题已经不再是对局部封闭的熟人社会的治理，而是对流动的、异质化的公共社会的治理。今天的资源分配途径也大大改变，很多资源已经进入市场分配，而非由行政组织垄断分配。社会成员对于单一组织的依赖性降低，选择性增加，也是前

① 张静：《中国基层社会治理为何失效?》，《文化纵横》2016 年第 5 期。

所未有的新环境。如何针对游离在体制之外的大量群体发展出应责和代表机制，成为当代基层社会治理所面临的重大挑战。

此外，由于全球化的不断深化，中国对外开放的大门也在越开越大，现代基层的治理面临越来越复杂的局面，出现了很多在传统治理中没有遭遇过的治理难题。近年来，政府治理越来越强调加强服务性治理、回应性治理、代表性治理、协商治理、依法治理、责任治理（有限治理）等。尽管在社会治理领域投入了大量的人力物力财力，却依然面临着治理资源的过载、错配、错位等问题，基层组织的服务管理功能还达不到理想的状态。随着新一轮党和国家机构改革的推进，党建引领在基层治理中的作用愈加凸显，基层治理面临的职能和工作任务也在发生重要转变。要打造人人有责、人人尽责、人人享有的社会治理共同体，需要以人民需求为依托、以人民满意为标尺（追求）、以人民参与为基础，激发公共精神和社会组织活力。然而，目前基层单位和社会组织的活力，以及人民参与基层社会治理的能力和积极性等尚未达到一个现代社会所应具备的理想水平。

2. 新时代基层治理面临的主要挑战

首先，当前基层治理现代化转型的一些外溢效应和连锁反应已逐渐凸显，其中一些现象具有代表性，例如基层民众情绪日益政治化，网络批评倾向于归因政治，个体事件容易发展为群体事件，法律事件容易发展为针对公共组织的事件等。究其原因，伴随经济社会的发展转型，“政府—单位”双重治理体系出现了大规模瓦解，存在于基层的利益平衡、纠错、应责、代表和回应机制，能够服务的人群大幅度减少。此前政府长时期的“间接治理”角色，即不直接处理治理问题，对单位不对个人的工作方式，使之面向当事个人的应责、代表和回应职能存在短板。这是一段时期内基层社会治理问题急剧上升的根本性原因。因为在“政府—单位”双重治理体系中，政府的审批、指示地位，使之将具体的治理责任交给单位，而不是自己承担。当单位治理发生瓦解时，相对于受众的需要，真正担当治理责任的组织大大减少，这是基层社会治理失效的原因。①

其次，现代化的基层治理体系尚在建构，有待健全和完善。在新的社会环境和组织关系中，旧治理体系的适应性降低，治理效能大减，而适应新时代发展需求的基层治理现代化体系还未完备成熟。在现代社会中，发挥主导作用的、能够有效形成社会服从秩序的，是“社会公正”的维护机制。现代化的基层社会治理体系，能够有效公正地解决各种问题，使不同的人享有平等的受保护机会。它建立有效连接社会成员的渠道，将游离在制度之外的民众纳入制度资源的共享整体中，同时具有良好的基层社会组织功能，在基层社会中存在明确的应责、协调和代表机制，能够有效回应民众的各种需求，解决他们的问题，协调他们之间，以及他们和公共组织之间的矛盾。②

第三，基层社会治理需要有一个覆盖广泛、有效联系群众的基本单位。长期以来，社区（村）层面的居（村）委会承担着这一重要功能，但是仍需根据社会治理现代化的要求进行优化和调整，包括如何更好地联系群众，怎样联系、联系什么以及如何对当地基层社会进行组织和动员，能够为人民群众解决哪些问题等。当前，在既有基层社会治理体制机制下，基层干部的工作负担很重，几乎已经做到了极致。与此同时，基层减负增效的政策效果，还没有明显发挥出来，仍然任重道远。近年来，尽管一再

---

① 张静：《中国基层社会治理为何失效?》，《文化纵横》2016 年第 5 期。

② 张静：《中国基层社会治理为何失效?》，《文化纵横》2016 年第 5 期。

强调治理资源、服务和管理下沉，但是现阶段基层干部队伍的承接能力仍有局限，而且与基层权责增加相配套的社会机制发育不健全，社会监督跟不上，基层治理人才队伍的专业化问题也还没有得到有效解决。最近一轮党和国家机构改革后，与基层治理相关的机构改革和部门分工处于磨合期，尚需时日加以理顺，才能形成有效合力。

3. 基层治理迫切需要解决的主要问题

中共十九大报告提出，加强和创新社会治理，打造共建共治共享的社会治理格局。提高社会治理社会化、法治化、智能化、专业化水平。加强社区治理体系建设，推动社会治理重心向基层下移，发挥社会组织作用，实现政府治理和社会调节、居民自治良性互动。基层社会治理的总体要求就是要形成一套“行得通、真管用、有效率”的制度体系，实现有效的社会治理，保障良好的社会秩序，实现人民安居乐业，社会安定有序，国家更加安全。中央对于现代化的基层社会治理有长远的规划和顶层设计，但在基层社会治理实践中仍然存在诸多问题。

一是中央的政策到了地方就往往面临因地制宜、贯彻落实的诸多挑战，甚至是实际困难，从而使得政策的实际效果大打折扣。社会治理的制度优势未能有效地转化为基层治理绩效。二是基层治理缺乏有效的社会组织等多元主体支撑，社区公共精神匮乏，社区活力不足，社会组织的服务能力有待提升。三是基层党建对基层社会治理的引领作用和机制还需进一步完善。四是现有的基层治理体制机制、方法手段的效能已经趋于极限，出现了边际效应递减，面对新时代背景下的社会形势新问题和新变化，适应能力不足，解决问题的效率不高。五是治理重心的下移、治理资源的下沉与基层减负之间的协调方式还未形成，例如城乡治理中治理责任和资源下沉后，有些村（社区）承接治理任务的能力相对匮乏或不足。六是基层社会治理存在过载、错位、错配等问题，诉求未能得到有效回应和基层的过度治理同时存在，并没有达到让人民满意的效果。七是政府对于基层社会治理问题所加的政治性保险系数很大，使得治理空间和治理工具的运用十分有限，造成现有基层社会治理系统在事务、组织、财政、人员等方面超载。八是符合社会治理现代化要求的社会组织数量严重不足，健康有活力的社会组织的培育成长和期望值还有不小的差距。九是人民群众的自治能力依然存在明显短板，公共精神的缺乏使得城乡社区治理一直难以取得理想效果。

（1）治理事务超载。

当前基层社会治理面临着治理事务超载局面。中国从传统向现代的社会转型，从计划经济向市场经济的体制转轨进程中，社会自治能力在日益塌陷。伴随现代生活的日益复杂，城乡居民需求的剧增带来了政府治理任务和负担的加大，需要政府协调统筹加以应对。一些地区的基层治理缺乏相应的人才队伍，出现了城乡社区“空心化”等现象。同时，政府对社会组织信任不足，在应对新形势、新问题时倾向于通过行政化机构，采取传统的方式手段来解决，导致现有基层社会治理体系的事务超载。例如，基层治理中所推行的“网格化”等做法，现阶段承担的主要是国家公共性任务，而不是回应老百姓的需要。基层治理的很多工作一定程度上仍属于高度政治化的范畴，容易造成治理资源的重复投入、重复覆盖，既造成了浪费，又增加了工作量。基层减负无从减起，现代化提质增效也就难以实现。基层治理最终还是应当走到民事化、法治化的轨道上来。

（2）治理组织超载。

与治理事务超载相伴生的就是组织过载。有些政府部门的工作，超出了组织所能承担的处理能力。不仅是中央层面，基层政府、法院等单位或部门也承担了大量的工作任务，面临着巨大压力，并且还有不断加压的趋势。一旦治理任务超过了个人或组织所能接受、处理或有效应对的范围，那么治理失效将是不可避免的结果。

（3）治理人员超载。

在现行的干部管理体系下，体制内编制名额是限定的，而治理的任务在不断加大。由于基层的干部队伍无法应对日益繁重的工作任务，聘用临时工和将政府服务外包就成为其应对工作压力的理性选择。根据调研中的统计和观察，2017 年底一些城市的街道办事处外包或聘用的非编制人员超过 300 人。基层治理的人员超载成为各地区的一个普遍现象。

（4）治理财政超载。

伴随治理人员超载而来的就是政府治理的财政超载。为了应对大量的治理任务，地方政府不得不投入大量的人力物力财力，导致一些地区的地方财政始终处于从紧状态。对于经济较为发达的地区而言，财政收入高于财政支出，基层社会治理领域的财政投入力度基本可以保持增长状态。而对于全国大部分省份和地级市而言，财政收入与财政支出倒挂的现象比较普遍，对于基层社会治理的投入已经接近地方财政所能承担的极限，而且这种局面短时期内不大可能发生重大转变。

（5）治理资源错配。

除了治理事务、组织、人员和财政超载外，另一个十分突出的问题是治理资源的错配。基层社会治理所涉及的各个部门本职、主职的工作边界往往存在交叉重叠，难以厘清。与此同时，不同部门对基层治理的理解和侧重点也各有差异，比如是优先提供公共服务，还是重点稳固社区秩序、加强政权基础等。应当承认，“全能型”政府角色已经深深嵌套进基层社会生活的各方面。一方面，政府部门承担着大量职能和责任；另一方面，在基层治理高度复杂化和现代化的趋势下，许多地区老百姓大量的“身边事儿”等日常生活难题没有解决，基层政府部门（或街道办事处等政府派出机构）治理资源的绩效产出偏低，缺位、越位等资源错配现象比较严重。

（三）新时代中国特色社会主义基层治理现代化的推进

1. 当前基层社会治理现代化能力建设

中共十九届四中全会提出，要坚持解放思想、实事求是，坚持改革创新，突出坚持和完善支撑中国特色社会主义制度的根本制度、基本制度、重要制度，着力固根基、扬优势、补短板、强弱项，构建系统完备、科学规范、运行有效的制度体系，加强系统治理、依法治理、综合治理、源头治理，把中国制度优势更好转化为国家治理效能。在社会治理领域，党中央要求坚持和完善共建共治共享的社会治理制度，加强和创新社会治理，完善党委领导、政府负责、民主协商、社会协同、公众参与、法治保障、科技支撑的社会治理体系，建设人人有责、人人尽责、人人享有的社会治理共同体。这已为我们指明了新时期加强基层社会治理的七大能力：党委领导能力、政府治理能力、民主协商能力、社会协同能力、公众参与能力、法制保障能力以及科技支撑能力。

具体而言，一是要完善社会领域党建，提升党组织对社会治理领导能力；二是加快政府职能转变，打造服务型责任型政府，提升政府的治理能力和水平；三是加强社会治理领域的民主协商能力，打造共建共治共享的社会治理格局；四是引导和培育健康社会组织的成长发展，让社会组织对政府治理发挥有效的协同作用，提升政社良性互动能力；五是加强公民教育，拓宽公民参与社区治理的渠道机制，提升城乡居民自治能力；六是贯彻落实依法治国与依法执政，形成有力的法制保障制度体系，提升法制保障能力；七是优化社会治理手段，提升现代化治理技术应用能力。

2. 新时代基层治理现代化的推进方向

新时代加快推进基层治理现代化水平可以从以下几个方面综合考虑对策，寻找改革创新、提升绩效的突破口。

一是充分考虑基层社会治理的新形势与新背景，探索建立基层民众与政府之间有代表性、具有应责功能的中介组织。能够建立与民众间的组织关系者，在争取人们的政治认同方面具有优势，因为组织化结构能够满足社会成员对“机会通道”平等的需求。谁提供可供依靠的组织责任，谁就获得政治认同，赢得政治整合优势，因为提供组织依靠和保护，有助于产生互赖关系及相互责任。现在已经回不到计划经济体制下的单位制治理结构，但需要建立起能够有效发挥连接、协调、应责和代表机能的基层社会组织通道。

二是构建政社良性互动的基层治理新格局。可以探索逐步让渡一部分社会空间，释放社会的健康活力。积极培育健康的社会组织和专业化的服务机构，引导健康的社会组织快速规范发展，充分发挥社会组织在基层治理中的积极作用，减轻政府治理负担，减少政府的治理过载现象。

三是建立基层的积极有为政府，在乡镇街道财政自主方面给予一定保障。社区居委会应该减负，但是社区服务站是不应该减负的。未来可以探索社区治理从“一区一站”结构向“一站托多区”结构发展。适当赋予社区街道一定的财政自由，可以让社区支配。由于全国范围内基层社会治理所面临的情况差异极大，因此出台的文件不能一刀切，需要给各地因地制宜的空间。尊重基层特别是人民群众的首创精神，及时把基层的普遍性实践经验上升为顶层设计。

四是加强基层干部队伍建设，充分调动基层干部积极性。基层减负不代表基层干部少干活，而是要减掉基层干部日常工作中不必要的活。一些形式主义的检查和报表应当取消，基层干部的工作内容中事务性的工作比重应提升，形式性的工作比重应削减。基层干部治理理念和治理能力的更新与培养需要放在一个突出位置。以激励干部为导向、全面加强基层干部队伍和社会工作者队伍建设，形成一支由带头人、专职社区工作者、志愿者等组成的复合型、专业化的工作队伍，实现减负增效。

五是强化基层建设保障措施。新一轮党和国家机构改革后，关于基层社会治理工作的分工还需进一步理顺和调适到位。在地方，有关组织、政法、精神文明、民政、农业农村等党和政府的机构部门需要加强协同，以党的建设为引领、全面加强基层政权和基层组织建设，把党的全面领导落实到基层。以社会治理为重点、全面加强基层治理体系和治理能力建设，深入推进乡镇（街道）机构改革。加强和创新基层社会治理，完善党组织领导下的基层群众自治制度，深入推进“三社联动”等基层治理创新和试点示范工作，不断探索社区治理新经验。加强基层公共服务能力建设，促进城乡基层社会治理融合发展，完善城乡社区区域化共建机制，推动力量配备、资金投入、服务供给向城乡基层倾斜，加快补齐城乡社区治理服务的短板。以服务群众为宗旨、全面加强基层公共服务平台和服务能力建设。创新社区服务供给方式，着力提升基层社区服务能力。

六

构建国际一流的城市治理体系和能力

国际化城市在全球资源配置和城市网络体系中发挥着重要作用，也是国家竞争力的重要载体。基于改革开放以来的理论和实践创新，中国已经基本形成了一套具有中国特色的国际化城市治理的本土化方案。中国特色国际化城市治理的核心内涵是把城市治理的标准和要求提升到国际一流水平，同时有序可控地融入世界城市体系和参与全球治理。其基本框架主要包含国际化城市的政务管理、社会治理、公共服务三个维度。这三个维度各有其内在要求和治理特点，反映了政府权力在行政管理、政社互动、公共服务等不同领域的差异化运行机制。国际化城市治理的中国方案，是不同于欧美发达国家城市治理模式的差异化类型，丰富了世界城市建设的理论和实践。

中国建设世界一流的国际化城市亟须本土化方案。改革开放以来，中国开启了人类历史上规模空前的城市化进程。城市治理的现代化水平对国家发展的重要性也逐渐突显。伴随中国经济从高速增长转入高质量发展阶段，中国的城市治理同样也面临着新的发展转向。2015 年中央城市工作会议提出要“走出一条中国特色城市发展道路”①。中共十九届四中全会对中国城市（尤其是中心城市和城市群）的发展质量与水平提出了更新更高的要求。如何推进中国特色城市治理体系和治理能力现代化，是当前中国城市建设的重要议题。

环顾全球各大知名城市，作为世界城市网络中资源集聚和交换的关键节点，它们在全球资源配置方面正在发挥日益重要的作用。随着世界经济重心的区域性转移，一批新兴城市与老牌国际化城市之间存在着复杂且激烈的竞争合作，相应地也引发了新一轮城市“金字塔”体系的变化和调整。国家综合实力

① 《中央城市工作会议在北京举行》，《人民日报》2015 年 12 月 23 日。

的支撑，是国际化城市发展的重要条件，城市国际竞争力的提升，也会进一步构筑国家的发展优势，二者互为促进，相辅相成。通过实施改革开放，中国抓住了全球分工调整和产业链转移的重要机遇，促成了一大批国内城市的崛起。未来还将有更多的中国城市成长为世界城市，与全球城市网络发生更为密切的联系，并且与伦敦、纽约等世界顶级城市开展更深层次的竞争与合作。

当前，世界城市“金字塔”体系迎来了发展变革的一个重要时期。以城市国际化发展为契机和重要动力，助推新一轮城市治理水平的提升，打造世界一流的城市治理体系和治理能力，已成为中国众多大中型城市不谋而合的一致选择。[①] 梳理北京、上海、深圳等国内代表性城市的规划，可以发现这些城市都把“国际化”要素纳入到发展思路之中，并且对标国际一流城市，结合自身禀赋条件，设定城市发展的目标和方案。不同于欧美发达国家的城市理论和实践逻辑，在治理现代化语境下，中国城市的国际化治理与发展需要强化创新探索，亟待从制度优势和治理效能的角度，研究探讨符合中国特色的行得通、真管用、有效率的国际化城市治理路径和方案。

（一）比较视野下的城市国际化治理

人类社会的发展过程，始终伴随着对生产、生活空间的不断拓展和建构。无论是村落、集镇或者城市，都是不同规模、

---

① 李岩、江文路：《国际化城市治理的中国方案》，《中国社会科学报》2019 年 11 月 13 日。

不同层次的人造空间。在人类社会早期，城市的出现对国家的产生具有重大的前设性意义。在现代社会，城市更是已经成为人们活动最密集、最主要的空间载体，在现代国家治理体系中发挥着关键的节点作用，因而成为现实政治和学术研究的重要关切点。城市空间尺度的政治学研究也正成为方兴未艾的一个学术热点。过往的城市空间思想，尤其是对城市权力结构、治理结构、空间结构的思辨和分析，对人类社会不同类型城市的划分和认知等，共同构成了今天进一步推进国际化城市治理的理论基础和重要参考。

1. 关于城市空间的主要理论和发展脉络

与人类社会不同阶段的发展动力、需求和特征相适应，地理空间要素与政治学、社会学等人文社会科学发生了联系，产生出一系列理论学说。围绕城市地理空间的研究，在某种程度上是一种中层理论，它所关注的核心要点是城市的权力结构、城市的治理过程以及市民的主体作用等等。在政治学视角下，学者们最为关注的是城市权力的行使主体和性质，以及这些权力是如何施加影响和被影响的。[①] 城市政治学的学者们普遍认为，城市的政治结构、治理结构与空间结构三者之间是有机联系的。围绕“权力—治理—空间”三要素的分析，是城市政治学最经典的研究范式之一。基于这一范式，城市权力、城市治理、城市空间的差异、分化和组合，相应地构成了不同类型的城市，并且在推动国家发展和治理转型中发挥着不同的作用。自工业革命以来，对城市空间及其政治属性的认识和研究，是伴随着城市规模的扩大

① ［英］乔纳森·S. 戴维斯、［美］戴维·L. 英布罗肖主编，何艳玲译：《城市政治学》，格致出版社、上海人民出版社 2013 年版，第 8—22 页。

与形态的变化而逐渐演进的。回顾历史，大工业生产所带来的城市急剧扩张引发了交通拥堵、环境污染、公共服务配套不足等问题。为了解决“大城市病”所引发的各种问题，不同时期形成了多种城市空间理论和思想，做出了针对性解释和回应。城市空间理论的发展，大体上可以分为近代、现代、后现代三个阶段（参见表9）。

表9　城市空间主要理论与思想演变①

	理论学说	代表人物	主要贡献
近代	田园城市理论	霍华德（E. Howard）	20世纪40年代欧美国家“卫星城”运动和“新城”运动的理论渊源。他提出用城乡一体的社会结构取代城乡分离，通过城乡交融的、分散的城市组群，以此来消解城市公共空间承载能力的不足。
	人文关怀思想	盖迪斯（P. Geddes）	欧美城市科学的奠基性学说。他创造了“城市学”（Urbanology）概念，并且首创城市区域规划的综合研究方法。
现代	现代主义城市思想	柯布西耶	他提出用大规模、全面的城市改造，建立全新的现代主义城市。
	有机疏散理论	沙里宁	他提出城市是一个有机体，规划的重点是做好功能性单元的集聚与分散，缓解城市过分集中膨胀的弊病。

① 伍学进：《欧美城市公共空间思想的演变与升华》，《理论月刊》2008年第11期。

续表

	理论学说	代表人物	主要贡献
后现代	社区宜居性思想	CIMA 第 10 小组	1954 年发表《杜恩宣言》，提出对人的关怀应是城市规划的基本出发点。
	新城市主义街区公共空间思想		主张建设多功能的混合社区、营造社区中心、重建富有活力的街道和协调的建筑。
	精明增长（Smart Growth）城市街区公共空间思想		主张用足城市存量空间，减少盲目扩张；加强对现有社区的重建，拉近生活和就业单元的距离，节约基础设施和公共服务成本。

与此同时，工业化背景下的城市快速扩张也呈现出特定的规律性，尤其是在经济地理层面。例如，20 世纪初美国人类生态学派创始人伯吉斯（Burgess）提出了同心圆理论，揭示了城市功能分区与城市阶层分布的现象联系。20 世纪 20 年代美国土地经济学家赫德（R. M. Hurd）提出了扇形地带理论，认为城市往往沿着水源、交通干线等阻力最小的方向扩展。20 世纪 30 年代麦肯齐（R. D. Mckenzie）提出多核心理论，认为城区内有若干个分立的核心，城市围绕这些核心拓展成长。按照新古典主义经济学的观点，自由市场经济状态下的区位均衡过程是城市空间发展的内在机制。[①] 然而，随着城市化进程中各种问题的增多和越来越复杂，城市治理不仅仅是一个经济问题。西方新马克思主义对既往城市空间思想的批判，在一定程度上开启了对城市治理的认知转向。其中具有代表性的是，列斐伏尔在《空间的生产》一书中提出，城市化的实质是一种空间生产过程，是以一种新的方式

① 赵芳：《城市空间：一种社会学的理论演进》，《社会科学》2003 年第 6 期。

将全球和地方、城市和乡村、中心和边缘连接起来。[①] 由此，城市被视作社会关系的产物和载体，城市阶层划分也具有深刻的空间向度。与之相应，城市应由人民大众来管理，让城市空间为人民大众服务。[②]

上述理论学说的演变脉络，反映了城市治理的思想价值取向变化。可以发现，以彰显人文关怀、包容多元化差异、重视社区宜居性为主要特征的后现代城市治理思潮，正逐步取代崇尚技术、几何美学，重视整齐划一、标准化设置的现代主义主张。

2. 全球城市的发展演进与体系重构

伴随世界经济增长重心从英国、德国、美国、亚太的渐次迁移，以及主导产业从煤炭、钢铁向电气机械、汽车、化学、电子、航天航空、互联网、高端中介服务等更迭，全球形成了以伦敦、纽约、巴黎、东京等世界城市为核心的几大都市群。世界城市的崛起，离不开国家发展、国际竞争合作的大背景，同时也受到其他因素的复杂影响。[③] 但是，毋庸置疑的是，伴随全球化进程，世界各地的城市已经日益结成了“金字塔”状排列的全球性体系。

进入21世纪，世界城市成长机制的复杂性进一步加剧，同时全球城市体系也迎来了新的转型调整契机，尤其是在全球化进

---

① Henri Lefebvre. *The Production of Space*, Wiley - Blackwell, 1991, pp. 11 - 12, p. 88, p. 430.

② 吴宁：《列斐伏尔的城市空间社会学理论及其中国意义》，《社会》2008年第2期。

③ 宁越敏：《世界城市研究和中国的世界城市建设》，《探索与争鸣》2019年第3期。

程中出现了显著的本土化新趋势。根据全球化与世界城市（GaWC）研究机构最新发布的2020年度《世界级城市名册》，中国有19个城市上榜。其中，香港、北京、上海、广州、台北、深圳位列世界一线城市等级。值得指出的是，在过去几十年间，越来越多的中国城市融入到世界城市网络，并且跃升至这一“金字塔”序列的高层级。与传统发达国家业已成熟的全球城市不同，中国大部分城市仍处于新兴发展的上升期，既有北上广深等正在崛起的综合性城市，也有温州义乌等在细分领域具有全球影响力的潜力城市。[①] 就此而论，中国城市已经成为重构全球城市体系格局的一支重要力量。与此同时，也需看到，尽管中国已是世界第一贸易大国，但是相较于伦敦、纽约等世界顶级城市，中国城市在全球的辐射和影响能力仍然存有差距，甚至可以说在一定程度上尚未取得与经济规模相匹配的世界城市地位。近年来，以纽约、旧金山为代表的多个知名大都市暴露出平衡竞争发展与公共利益关系的难题，出现经济繁荣与严重社会不平等并存的“新城市危机”。[②] 在此背景下，发达国家世界城市的发展规律和前车之鉴，既提供了有益的借鉴和警示，同时也给予中国城市更好地构建城市可持续竞争力，深刻影响和改变全球城市体系的难得机遇。

---

① 于洋、焦永利：《全球城市的历史演进与治理优化》，《成都日报》2019年8月7日。

② Richard Florida. *The New Urban Crisis: How Our Cities Are Increasing Inequality, Deepening Segregation, and Failing the Middle Class and What We Can Do About It*, Basic Books, 2017.

（二）中国特色国际化城市治理的理论成果

改革开放以来，中国城市建设和治理曾走过一段与发达国家相似的路程。伴随着大城市的人口集聚和空间扩张，中国很多城市同样面临着城市环境污染、交通拥堵、资源消耗、生活时间成本、公共服务负担加剧等“大城市病”的挑战。不难发现，国内一些城市的公共设施和公共空间的现代主义风格显著，大多着眼于满足基本的物质生活需要，以通用技术和标准化人居环境为主流，致使很多城市的建设面貌相近。与此同时，也可以发现，近年来中国很多城市的空间规划、设施样态、运行机制等正在发生积极显著的变化。其中，商务楼宇、绿地公园等各种城市公共空间越来越强调人文关怀、多元化和包容性，大力推进功能提升和转型，便是一种具体而微的明证。就此而论，中国城市治理已经呈现出从现代主义向后现代主义过渡的特征，顺应了世界城市的发展规律和潮流，也更为明确地坚定了立足本土的、突显中国特色的国际化城市治理方向。

1. 国际化城市治理的中国特色意涵

欧美学界的国际化城市研究，无论是使用弗里德曼的世界城市（world city）概念①，还是萨森的全球城市（global city）概念②，都是侧重强调城市的经济功能。在此基础上提出的升级版理论是把生态、社会、治理等方面的变量加入进来，从而可以对

---

① Peter Hall. *The World Cities*, Weidenfeld and Nicolson, 1966.

② Saskia Sassen. *The Global City*, Princeton University Press, 1991.

一个特定城市的国际化治理水平从金融、文化、创新、设施、环境、生活便利性等多个维度进行评价和比对。[①] 即便如此，以北京、上海、深圳等为代表的中国城市的治理实践，仍然已经远远超出了上述理论模型的架构和内涵范围。

如果说欧美学者所提出的“世界城市”，其主要驱动力是来源于工业化、全球化的扩展过程，那么中国语境下的城市国际化，更多的是从内向维度上强调治理水平的提升。当然，这不是说中国城市绝缘于世界城市体系关起门来搞治理。事实上恰恰相反，中国城市的国际化进程是在参与和融入全球城市网络过程中，广泛学习交流、汲取和吸纳世界范围内经验和资源，努力把城市自身的综合治理能力提高到世界一流水准。因此，相较于弗里德曼、萨森等学者所看重特定城市在全球经济网络中的节点和资源配置作用，以及生产性服务业（尤其是金融业）的发展，中国城市的国际化是在治理现代化视阈下更加强调城市的治理绩效在全球体系中的相对位置和排序情况。需要说明的是，城市治理绩效不单局限在经济范畴，还涉及社会稳定、民生保障、机制效率、生态环境、人文底蕴等多个维度。这也是中国特色的国际化城市治理的一个突出特征所在。

具体来讲，中国特色国际化城市治理的核心内涵是要把城市治理水平提升到国际一流标准、国际一流要求，并且逐步融入国际化城市体系。另一方面，中国特色国际化城市治理体系的独特性则体现为对国际社会的开放是可控和有序的，而非无条件的完全开放。这种国际化城市治理的价值指向，反映了中国社会主义现代化建设的“第五个维度”，即治理现代化的内在要求。它强

① 诸大建：《3.0 升级版：全球城市的双元竞争力概念模型》，《探索与争鸣》2019 年第 3 期。

调要超越过去“四个现代化”追求以物质形态为标志的现代化发展，转而更加重视体制机制层面的制度体系建设，强调整体性的完备和完善，突显治理绩效的竞争力。[①] 这也符合中国追求现代化进程的当前阶段特征，是提升中国城市治理国际化水平的前进方向。就此而论，中国城市治理国际化既包含着所要达到的、现代化意义上的善治目标，也囊括了所应遵循的程序、制度和过程性要求。国际一流的城市治理是政府治理、市场治理和广义的社会治理共同作用的结果。就中国地方政府而言，首先要做的是城市自身的治理，城市公共部门要处理好与社会、与市场的关系，承担适当职能，提高施政质量，确立完备的规章制度，依法行政，科学执政，执政为民。

2. 国际化城市治理的中国特色框架

在中国特色治理现代化意涵下，建设国际一流的城市治理体系，内在蕴含着国际化城市的政务管理、社会治理、公共服务 3 个维度（见图 12）。这三个维度回应了国家与社会、政府与市场的治理现代化核心关系，[②] 也能与中国地方政府城市治理的具体工作内容相结合。由此也构成了中国特色国际化城市治理的基本框架。按照国际化城市管理、治理、服务的不同过程，其治理的主要内容包括：国际化城市安全与风险防范、国际化城市规模与人口控制、国际化智慧城市与大数据库建设、国际化城市社区建设、国际化城市综合执法与精细管理、国际化城市市民需求与公

---

① 李岩：《国家治理体系和治理能力现代化：背景、意涵与影响——专访清华大学社会科学学院政治学系主任张小劲教授》，《领导文萃》2014 年第 12 期。

② 张小劲、李岩：《从语义图解到模式理解：〈关于全面深化改革若干重大问题的决定〉中关于治理问题的论述》，《当代世界与社会主义》2014 年第 1 期。

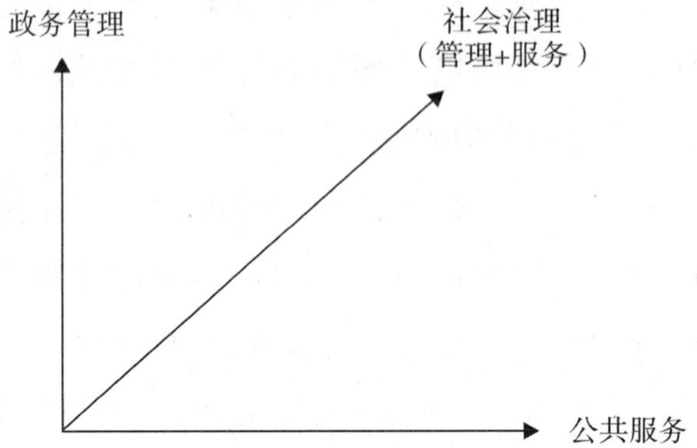

图 12　中国特色城市治理国际化的三个主要维度

共服务等方面。

此外，国际化城市治理创新的路径主要包括：一是研究城市国际化的发展规律，国际化城市规模要同资源环境承载能力相适应。二是城市管理与高新技术相融合，实现城市治理体系和治理能力的现代化。三是创新国际化城市的社区治理，打造国际一流和谐宜居之城，建设健康幸福美好的城市精神家园。

3. 国际化城市治理的中国特色指标体系

一般而言，世界一流的国际化城市是指与全球大多数国家发生经济、政治、科技和文化交流关系，在政治、经济、科技等方面具有超群影响力和竞争力的城市，是全球经济、政治、文化、社会活动的中心节点，在生产消费、文化传播、国际交往等全球城市网络体系中发挥着枢纽性作用。

参照纽约、伦敦、东京等世界一流的国际化城市的主要特征，结合改革开放以来中国的城市治理模式和经验，基于上述中国国际化城市治理的特色意涵和基本框架，可以梳理出一套具有代表性的、中国特色的国际化城市治理指标体系（参见表 10）。

表 10　中国国际化城市治理指标体系

指标模块	一级指标	二级指标	单位
经济发展	经济活跃度	出入境人口数量	万人次
		商务旅游到访人数	万人次
		社会消费总额增长率	%
	经济开放度	国际组织、跨国公司数量	个
		实际利用外资额	亿（美元）
		大型国际会议/国际展览数量	个
	经济竞争力	人均 GDP 增长率	%
		一般公共预算收入增长率	%
		高新技术企业数量	个
		引进高层次人才创新创业数量	人
城市管理	秩序维度	十万人刑事案件判决生效犯罪率	人/10 万人
		交通意外死亡人数	个
		绿色出行比例	%
	环境维度	城市污水处理率	%
		城市绿化覆盖率及增长率	%
		公园绿地 500 米服务半径覆盖率	%
	绩效维度	城市基础设施建设投入	亿元
		城市管理投诉率	%
		城市管理满意度	%
社会治理	社会动员维度	社会组织数量	个
		实名注册志愿者与常住人口比值	%
	社会参与维度	政府购买社会组织公共服务金额	亿元
		人均志愿服务次数	次
	社会和谐维度	居民投诉率	件/万人
		信访发生率	件/万人

续表

指标模块	一级指标	二级指标	单位
公共服务	基本保障维度	基本社会保障覆盖率	%
		千人医疗卫生机构床位数	张
		千人养老机构床位数	张
		高中/大学教育毛入学率	%
		平均预期寿命	岁
		预期受教育年限	年
	品质提升维度	公共服务财政投入	亿元
		财政性公共服务投入占比	%
		国际医院、学校、餐厅覆盖度	个/万人
		人均公共文化服务设施建筑面积	m^2
		人均公共体育用地面积	m^2
		公交平均时速	km/h
	均衡发展维度	基本公共服务覆盖度	%
		一刻钟社区服务圈覆盖率	%
		空间差距指数	—

注：空间差距指数＝区域内最高水平/最低水平。

4. 中国特色国际化城市治理的举措建议

打造世界一流的中国特色国际化城市治理体系，就特定城市而言，有必要遵循“四个结合”的原则性思路。一是顶层设计与基层探索相结合。在顶层设计层面，成立统筹性的抓总机构，实现横向维度的部门协同和纵向维度上的层级互动。在基层探索层面，应当依托现有城市街道（社区）的国际化资源禀赋、功能定位和发展现状合理划分国际化治理单元，鼓励开展多样化、创新性的基层国际化治理探索。二是经验借鉴与本土创新相结合。对标世界一流城市（区），有选择、有重点的结构化学习其治理经验，实现国际经验学习与中国内生性城市治理需求相匹配。三是系统推进与重点突破相结合。围绕建设世界一流的中心城市，增强城市的全球资源配置能力和影响力，既要有推动城市治理水平总体提升的全覆盖方案，同时也要打造城市街区国际化高地，精准发力，重点突破。四是保障秩序与激发活力相结合。在强化城市治理创新，打造国际化城市治理体系进程中，要处理好安全稳定与开放活力之间的关系，努力在社会安定有序与经济健康活力之间寻找纳什均衡解。

（1）更新城市治理理念，明确国际化标准与规范。

实现城市治理的国际化需要在治理理念更新上下功夫。从城市管理向城市治理的转型，尽管一字之差，却反映的是政府作为治理主体开始尊重和引导社会、市场力量参与公共产品的供给与管理，体现了推进城市现代化建设的重大进步。

城市治理理念的国际化，意味着尊重现代城市自然形成的丰富业态，尊重城市自身发展的客观规律和逻辑，合理引导城市的经济业态发展，提高城市建设的审美能力，打造国际化的城市生态，提高治理绩效。国际化的城市发展是一个长期过程，它与城市的文化风貌、居民的人文气息也是相辅相成的。如果对于国际化的涵义、内容、标准、路径和推进方式等基本要素还缺乏清晰的界定和统一的认识，在一定程度上将制约国际化城市治理的有效推进。

（2）加强城市治理条块协同，推动更高效的系统治理。

城市治理是一项综合性的系统工程，既需要做好顶层设计，也需要各部门、各单位做好工作协同，积极推进探索创新和基层落实。应当承认，治理碎片化仍然是当前中国城市治理普遍存在的一种现象，也是一个治理难点。

推进国际化城市治理，自然也面临着提升治理协调性，增进治理绩效，降低治理成本的重大挑战，因此需要进一步在协同治理上下功夫，实现纵向联动、横向联合。一方面要重视城市治理的整体性思维，增强不同职能部门协同治理的主动性，继续推进城市治理的共建共享，把资源优势转化为治理优势。另一方面要形成城市协同治理的常态化机制，按照系统治理、依法治理、综合治理、源头治理的理念和方式，进一步理顺从政策制定到政策执行，从规划、建设到运维的城市治理全链条和总系统。

（3）激发城市治理创新动力，拓宽国际视野。

城市治理的国际化，内在要求拓宽国际视野，调动国际治理资源，投入更多精力开展探索性、创新性和提升性的治理实践，主动引领城市治理创新。特别是在诸如气候变化、环境保护等面向未来城市发展的公共议题上，中国众多城市在全球治理层面的话语权和影响力均有待提升。此外，中国城市治理的国际化人才队伍还比较紧缺，国际化人才交流和引入机制有待进一步完善和提升。

（4）重视城市公共服务供给，提升基础民生保障能力。

近年来，中国在教育、医疗、交通等公共服务上持续加大投入力度，已取得显著的成效。但是，国内很多城市的公共服务建设面临着空间不足、布局不均等现实困难，同时由于尚处于快速城市化进程中，外来人口迁入和人口流动规模仍然巨大，将继续给城市公共服务的供给带来压力。基本公共服务事关基础民生和社会稳定，也是城市治理的重要方面，仍需进一步深化改革，因地制宜加大基本公共服务供给，优化城市公共服务资源的空间布局，突破难点，提升保障能力。

（5）扩大社会动员深度广度，调动多元主体参与治理。

传统的城市治理模式体现为政府作为单一主体，通过自上而下的方式对各类城市问题进行规制、管控等处理。政府责任的过度延伸，容易模糊社会主体的治理责任，陷入依赖行政资源投入，增加社会成本的治理困境。在城市治理的现代化转型中，需要回归治理主体的功能本位，兼顾简政放权、放管结合和优化服务，实现政府、市场、社会的良性互动。

（6）找准城市治理的比较优势，打造国际一流的可持续竞争力。

中国城市治理的国际化早已超出经济领域的简单范畴，形成了“经济国际化”“文化国际化”“政治国际化”多个维度并存的情形。伦敦、东京、巴黎等国际中心性城市，之所以能够构成全球资源要素流动的重要节点，发挥着“头部效应”，都是建立在它们强大的国际影响力和独特的比较优势之上。通过横向比较，不难发现，国际化城市治理水平的提升，也需要依托各类国际化城市独特的结构性功能和资源禀赋特性。因此，中国国际化城市治理不仅要对标国际一流城市的各项建设标准，还需要通过横向比较找准自身定位，凸显具有本土化特色的国际化价值，从而建立起在世界城市“金字塔”体系当中的节点性和枢纽型地位。

（三）中国特色国际化城市治理的创新意义

早期城市的出现改变了国家管理、社会生产、人民生活的传统形态。在现代社会，城市已成为人群最密集、生产最高效、活动最丰富的人类活动空间载体。发展至今，伴随工业化、全球化进程，世界各地的城市已经形成了一个全球的网络体系。全球城市（global city）、世界城市（world city）等国际化城市的治理水平，也成为衡量一个国家国际竞争力的重要指标，并且在全球资源配置和城市网络体系中发挥着日益重要的作用。中国城市的崛起，是过去数十年间全球城市体系格局变化的最大因素。而且，推进建设世界一流的中心城市，提升国际化城市治理水平，增强城市的全球资源配置能力与影响力，已成为中国城市更高水平发展的显著趋势和必然选择。

推进中国特色的国际化城市治理，需要准确把握城市治理创新与国际化发展的内在逻辑，从城市治理创新的角度，基于比较视野审视和借鉴国际一流城市治理的各种经验，因地制宜探索国际化城市治理的中国方案。同时，也要准确把握城市治理现代化的核心关系，把实现国家与社会、政府与社会的良性互动纳入到国际化城市治理体系之中，并且在全球比较视野下采用国际一流的标准改进城市治理，打造主动适应变化、富有制度弹性、开放包容、协同有序、分类分级的国际化城市治理体系。

中国国际化城市的治理实践，已经远远超出了欧美国家世界城市理论的模型架构。中国城市的国际化进程，其目标指向是把自身的城市治理绩效提高到世界一流水平。也就是说，除了经济维度的意涵之外，中国城市的国际化着眼于治理的现代化，还涉及社会、文化、民生、制度、环境等多个维度，而且侧重强调在全球城市体系的横向比较中所处的相对位置和排序情况。具体来讲，中国特色国际化城市治理的核心内涵是城市治理水平达到国际一流标准、国际一流要求，融入全球城市网络，适度参与全球治理。需要指出的是，中国特色国际化城市治理体系的独特性，还表现在对国际社会的开放是可控和有序的，而非无条件地完全开放。上述不同于欧美学界的理论创新，而是构成了中国特色的国际化城市治理核心意涵。

与之相应，中国特色的国际化城市治理方案的基本框架，主要包含国际化城市的政务管理、社会治理、公共服务三个维度。这三个维度各有其内在要求和治理特点，反映了政府权力在行政管理、政社互动、公共服务等不同领域的差异化运行机制，在逻辑上也基本覆盖了中国地方政府关于城市治理的具体工作范畴。基于上述城市治理的意涵和框架，可以梳理出一套具有代表性的、中国特色的国际化城市治理指标体系。这是衡量中国城市治理是否达到国际化水平的一项重要工具。

在新时代，进一步强化城市治理创新，打造国际一流的城市治理水平，就具体举措层面而言，需要遵循中国特色国际化城市治理的基本框架及其管理、治理、服务的三个主要维度，不断更新城市治理理念，明确国际化标准与规范，强化城市系统治理和协同效应，激发城市社会发展活力和治理创新动力，更好地保障公共服务供给，建立城市治理的比较优势，形成国际一流的可持续竞争力，从“第五个现代化”① 的角度全面构建具有中国特色的国际化城市治理体系。

综上所述，中国的城市化进程和世界城市的“金字塔”体系都将步入新的发展阶段。在全球竞争与合作的崭新格局下，基于改革开放四十余年的探索积淀和治理现代化的目标指向，中国已经基本形成了一套具有特色的国际化城市治理的本土化方案。这一中国方案是不同于欧美发达国家城市治理模式的差异化类型，在一定程度上也丰富了关于世界城市建设的理论和实践。

---

① 《专家圆桌：“第五个现代化”启程》，《人民论坛》2014 年第 10 期。

结语：走向民族复兴和人类社会的善治

作为世界上历史最悠久、人口最众多的民族之一，中华民族的现代化进程是人类社会发展史上浓墨重彩的一个重要组成部分。近代工业革命以来中国社会的演进和发展，固然不可避免地受到国际因素的影响，但同时也根植于深厚的本土文化之中。习近平总书记强调，中国特色社会主义国家制度和法律制度，植根于中华民族5000多年文明史所积淀的深厚历史文化传统，吸收借鉴了人类制度文明有益成果，经过了长期实践检验。①

“历史和现实都告诉我们，一场社会革命要取得最终胜利，往往需要一个漫长的历史过程……弄清楚我们从哪儿来、往哪儿去，很多问题才能看得深、把得准。”② 必须看到，中国特色社会主义的制度和道路，是在中国共产党领导的社会主义革命实践中持续探索出来的。它凝结着长期以来尤其是改革开放40多年来解放思想、实事求是、艰辛努力的成果，在21世纪续写了近代以来中华民族由弱到强的历史进程，传承了中华文明的血脉。到本世纪中叶，把我国建成富强民主文明和谐美丽的社会主义现代化强国，是党中央综合分析国际国内形势和发展条件作出的战略部署。就此而论，强国之治，既是一种发展路径，也是一个目标指向。

进入新时代，2013年中共十八届三中全会提出了“国家治理体系与治理能力现代化”的重大命题，中国共产党以“五位一体”总体布局和“四个全面”战略布局谋划治理现代化之路，并以“两个一百年”奋斗目标具化国家战略擘画的时间表，充分总

---

① 《习近平在中央政治局第十七次集体学习时强调　继续沿着党和人民开辟的正确道路前进　不断推进国家治理体系和治理能力现代化》，《人民日报》2019年9月25日。

② 习近平：《继续进行具有许多新的历史特点的伟大斗争》，《习近平谈治国理政》（第三卷），外文出版社2020年版，第70页。

结、不断丰富和创新国家治理工具箱，奏响了治理现代化的时代强音。从这个意义上讲，“国家治理体系和治理能力现代化”的提出，彰显了中国共产党高度重视、孜孜不倦地求索国家和民族现代化之路的使命担当和战略决心，也是中国共产党认识现代化的最新理论成果，堪称现代化的“第五个维度”。同时，也不难发现，“治理现代化”的提出，既是中国改革开放以来不断调试制度、追求发展在社会主义新时代的延续，又是充分借助历史时势、抓住历史时机的重大创新。

诚然，中华民族伟大复兴绝不是轻轻松松、敲锣打鼓就能实现的。“行百里者半九十”。当今世界正经历百年未有之大变局，站在新时代的历史节点上，全党必须准备付出更为艰巨、更为艰苦的努力。①

此外，还应注意到，走向良善治理，是人类社会现代化发展的普遍趋势。中华民族的现代化进程，不单是提供了一个发展中国家走向善治和国家治理现代化的现实路径和方案，同时也是吸收和汲取全球古往今来的人类社会政治智慧和经验，以一种高度开放、兼容并蓄的姿态，追求文明进步的历史过程。② 也正是从这个意义上讲，实现中华民族伟大复兴的中国梦，不仅会造福中国人民，而且也会造福世界人民，将是中国为人类社会发展作出的一份崭新的重大贡献。

---

① 习近平：《决胜全面建成小康社会　夺取新时代中国特色社会主义伟大胜利——在中国共产党第十九次全国代表大会上的报告》，人民出版社 2017 年版，第 15 页。

② 俞可平：《走向善治》，中国文史出版社 2016 年版，第 2 页。

（一）治理现代化——中国改革逻辑的全面展开与深入推进

中国过去40多年的改革开放，切实、准确地回应了时代和平发展的主题。为解决人民日益增长的物质文化需要同落后的社会生产之间的矛盾，中共十一届三中全会以后，全党工作的着重点和全国人民的注意力转移到社会主义现代化建设上来，把实现农业、工业、国防和科学技术的“四个现代化”作为新时期的主要任务，而且自20世纪70年代末开启了由乡村扩展到城市的全面改革历程。而现代化的推进，既需要实践探索，也要有理论引领。邓小平作为中国改革开放和现代化建设的总设计师，明确提出要“走一条中国式的现代化道路”。在生产力相对落后的国情基础上，推进国家治理现代化是一项十分恢弘且非常艰巨的历史任务，需要有步骤、分阶段地加以实现。邓小平指出：“在今后的现代化建设长过程中，出现若干个发展速度比较快、效益比较好的阶段，是必要的，也是能够办到的。”[①]针对20世纪80年代末一些地方过分强调稳定的情况，邓小平在南方谈话中指出：“对于我们这样发展中的大国来说，经济要发展得快一点，不可能总是那么平平静静、稳稳当当。要注意经济稳定、协调地发展，但稳定和协调也是相对的，不是绝对的。发展才是硬道

① 邓小平：《在武昌、深圳、珠海、上海等地的谈话要点》，《邓小平文选》第三卷，人民出版社1993年版，第377页。

理。”[1] 此外，他还提出了“三个有利于”的重要标准，破除了阻碍发展的思想束缚，即“姓‘资’还是姓‘社’的问题。判断的标准，应该主要看是否有利于发展社会主义社会的生产力，是否有利于增强社会主义国家的综合国力，是否有利于提高人民的生活水平。”[2] 上述关于国家现代化建设的科学认知，为改革开放的深入推进和经济社会的长足进步注入了强劲的思想动力。

2013 年中共十八届三中全会把“推进国家治理体系和治理能力现代化”纳入全面深化改革的总目标，奠定了中国现代化改革进程的一个新的里程碑。特别值得说明的是，中共十八届三中全会所提出的“治理”，显然无法为“统治”“管理”等所替代，也不能混同于对治国理政的简单化理解，而是一个具有中国特色和丰富内涵的创新性概念。中国语境下的“治理”，包含着因地制宜、因势利导、揆情审势和统筹兼顾等内在要求，既吸收了古代传统中具有现代意义和现代性的内容，也融入了国际社会的先进思想和理念，同时更为重要的是融入了中国共产党在执政中所积累的行之有效的做法和经验。从这个意义上讲，中国特色的国家治理现代化，可以说具有一种海纳百川、“三江汇流”式的理论渊源。[3] 除此以外，中共十八届三中全会正式将全面深化改革作为官方政治话语提出来，这是对改革开放以来中国所进行的“改革”“全面改革”“深化改革”的标志性统合与升级，既回应了“社会领域改革滞后于经济领域改革”等矛盾的解决，也回应

① 邓小平：《在武昌、深圳、珠海、上海等地的谈话要点》，《邓小平文选》第三卷，人民出版社 1993 年版，第 377 页。

② 邓小平：《在武昌、深圳、珠海、上海等地的谈话要点》，《邓小平文选》第三卷，人民出版社 1993 年版，第 372 页。

③ 李岩：《国家治理体系和治理能力现代化：背景、意涵与影响——专访清华大学社会科学学院政治学系主任张小劲教授》，《领导文萃》2014 年第 12 期。

了改革进入深水区需要顶层设计和顶层驱动的现实需求。换言之，这一轮改革是在领域和力度上的整体性、深层次推进，即全面深化改革是工具、方法、路径和手段，其目标在于实现国家治理体系与治理能力的现代化。因此，“治理现代化”并非是中国共产党突生的、因应的、权宜的决策，而是有着植根于中国改革开放实践的历史基础，是社会主义新时代中国改革逻辑的全面展开与深入推进。

具体而言，相对于以往所强调的工业、农业、科学技术和国防的“四个现代化”，“国家治理体系和治理能力现代化”更加强调了非物质层面的制度、体制和机制的现代化，突出了在改革开放取得非凡物质成就的基础上进一步完善和发展制度建设的新目标；相对于以往所推行的渐进性、单维型改革策略，“国家治理体系和治理能力现代化”更加强调了在全面深化改革的新阶段，要“更加注重改革的系统性、整体性、协同性”，要以“国家治理”主题突显全面深化改革的统摄性、配套性和持续性，要统筹兼顾和协调推进市场经济、民主政治、先进文化、和谐社会和生态文明的全面发展；相对于以往注重国家发展的总量规模、数据指标和物化形态，“国家治理体系和治理能力现代化”更加强调了激发活力、鼓励创造和公平分享，这就是要造就社会大众心情舒畅、精神欢愉、工作创意、生活惬意的环境，“让一切劳动、知识、技术、管理、资本的活力竞相迸发，让一切创造社会财富的源泉充分涌流，让发展成果更多更公平惠及全体人民”。①②

① 《中共中央关于全面深化改革若干重大问题的决定》，本书编写组编著：《〈中共中央关于全面深化改革若干重大问题的决定〉辅导读本》，人民出版社 2013 年版，第 1—60 页。

② 张小劲、李岩：《从语义图解到模式理解：〈关于全面深化改革若干重大问题的决定〉中关于治理问题的论述》，《当代世界与社会主义》2014 年第 1 期。

在庆祝改革开放四十周年大会上，习近平总书记指出："以数千年大历史观之，变革和开放总体上是中国的历史常态。"①1978年以来，中国社会发展的一个重要主题就是改革。而改革也是实现中国发展的发动机，它是整个逻辑链条的起点。自中共十一届三中全会以来，改革开放作为中国的一项基本国策，在过去四十多年中不断进行理论和实践层面的拓展、深化。中共十八届三中全会发布了《中共中央关于全面深化改革若干重大问题的决定》，把"全面深化改革开放"简化为"全面深化改革"，标志着"全面深化改革"作为一个成熟概念在官方层面的正式提出。这个决定就全面深化改革作出总体部署，明确了改革的路线图和时间表，涉及15个领域、330多项较大的改革举措，包括经济、政治、文化、社会、生态文明和党的建设等各个方面。为了集中力量推进改革，中共中央成立了由习近平总书记担任组长的全面深化改革领导小组，负责改革总体设计、统筹协调、整体推进、监督落实。2014年被称为全面深化改革元年。中共十八届五中全会关于"十三五"的规划建议，则属于中共十八届三中全会确立国家治理现代化目标之后理论创新之延续和战略布局之构造的结果，因此，从中共十八届三中全会到中共十八届六中全会，相应通过的文件构成了全面深化改革、全面依法治国、全面建成小康社会和全国从严治党的"四个全面"战略布局，而中共十八届五中全会关于"十三五"的规划建议则是以五大新发展理念作为主体结构而展开论说的，以往常规进程下的纵横结构被融化在五大新发展理念中加以阐述。

综上所述，经历了改革开放四十余年的探索，中国由领域

① 习近平：《在庆祝改革开放40周年大会上的讲话》，《人民日报》2018年12月18日。

性、增量性的改革步入到全域性、全面性改革阶段，借由全面深化改革的时代主题的提出，党中央进一步谋划了完整性、体系性的目标任务、重大原则、工作机制和推进方式，集中体现为国家治理体系和治理能力现代化重大议题的提出。

（二）推进治理现代化——切实把制度优势转化为治理效能

中国特色社会主义制度，是近代以来中国人民在实践中长期探索和验证而建立起来的新型国家制度，并且缔造了经济快速发展和社会长期稳定的“两大奇迹”，展现出了显著的优越性和强大生命力。由此，也为发展中国家走向现代化提供了全新选择，为人类探索建设更好社会制度贡献了中国智慧和中国方案。在建设社会主义现代化强国的进程中，必须依靠这样一套行得通、真管用、有效率的制度体系，既要坚持好、巩固好已经建立起来并经过实践检验的根本制度、基本制度、重要制度，也要坚持从国情出发，继续加强制度创新，不断完善和发展，切实把我国制度优势转化为治理效能。①

自2019年底以来，突如其来的新冠肺炎疫情席卷全球，对世界各国的经济发展和人民生命健康造成了巨大影响。这场新冠肺炎疫情是百年来全球发生的最严重的传染病大流行，是人类社会历史上遭遇的传播速度最快、感染范围最广、防控难度最大的

---

① 《习近平在中央政治局第十七次集体学习时强调　继续沿着党和人民开辟的正确道路前进　不断推进国家治理体系和治理能力现代化》，《人民日报》2019年9月25日。

重大突发公共卫生事件之一。

习近平总书记指出："我们党团结带领全国各族人民……经受了一场艰苦卓绝的历史大考，付出巨大努力，取得抗击新冠肺炎疫情斗争重大战略成果。""抗疫斗争伟大实践再次证明，中国特色社会主义制度所具有的显著优势，是抵御风险挑战、提高国家治理效能的根本保证……历史和现实都告诉我们，只要坚持和完善中国特色社会主义制度、推进国家治理体系和治理能力现代化，善于运用制度力量应对风险挑战冲击，我们就一定能够经受住一次次压力测试，不断化危为机、浴火重生。"①

新冠肺炎疫情对人类社会的冲击并不仅限于对医疗技术和物质积累的考验，其对于世界各国冲击的无差别性和对于人类社会冲击的外生性，也重新设定了人类社会发展的政治主题。人类社会存在结构性差异，自近代工业革命以来，基于生产力水平、政治制度、意识形态等差异形成了世界体系内民族国家间的竞争合作关系。标志着现代民族国家诞生的威斯特伐利亚体系、维也纳体系、雅尔塔体系无不是大国间妥协的结果，从本质上来说是人类社会竞争的产物。这场肆虐全球的新冠肺炎疫情对于世界各国来说既是一种无差别的检验，也是一种外生的灾难。如果说以往各国面临的敌人是别的国家，那么疫情的出现则重新设定了敌我范围，构成了全世界各国的共同敌人。更具体地说，这个世界各国共同的敌人设定的主题在于如何更好地应对疫情，如何更好地保障公民生命健康，如何更好地抵御疫情对经济发展和社会安全的冲击。

就此而论，这是一场突如其来的以治理效能为主题的"考

① 习近平：《在全国抗击新冠肺炎疫情表彰大会上的讲话（2020 年 9 月 8 日）》，《人民日报》2020 年 9 月 9 日。

试”，没有给任何国家“作弊”的机会。各个国家在面对诸如疫情等共同的敌人时，存在合作交流的广泛空间和可能性，并根据“考试结果”——在治理效能方面的差异，有效总结自身成败得失的原因，策略性借鉴别国成功经验，由此进行针对性的制度调适。这是一种由绩效结果出发，以制度调适为手段，最终实现人类共同发展目标的有效路径。显而易见，这不同于第一次世界大战、第二次世界大战之后的那种由几个国家设定主题的模式，即从先发国家的政治实践中抽象出一套政治模式形成模范示例，进而让后发国家的现实条件无限屈从于这套模范示例。

这时，我们应该做的恰是要超越政治制度的差异，共同面对摆在全人类面前的一道需要重新思考的重大议题。在抗击疫情的过程中，中国科学有效的防控方案、快速灵活的执行力度构成了世界范围内抗击疫情的治理范本，为破解历史赋予世界的时代难题进一步提供了中国答案。

（三）强国之治——回应百年未有之大变局的战略方案

百年未有之大变局，生动概括了目前中国国家治理所面临的国内外形势深刻变化之情形。中国国际地位的提升、改革开放的里程碑式迈进，以及国际上以欧美发达国家为代表的全球化战略调整相交叠，这些内外形势的深刻变化，进一步放大了摆在中国面前的机遇和挑战，对中国国家治理产生了至深且巨的影响。

强国之治，是中国回应百年未有之大变局的战略方案。2019年中共十九届四中全会明确指出，中国特色社会主义制度是党和人民在长期实践探索中形成的科学制度体系；是国家治理一切工作和活动的制度遵循，我国国家治理体系和治理能力是中国特色社会主义制度及其执行能力的集中体现。实践证明，中国特色社会主义制度和国家治理体系是具有强大生命力和巨大优越性的制度和治理体系；是以马克思主义为指导，植根于中国大地，具有深厚的中华文化根基，深得人民的拥护，具有多方面的显著优势，能够持续推动国家进步和发展、确保拥有五千多年文明史的中华民族实现“两个一百年”奋斗目标进而实现伟大复兴的制度和治理体系。这些显著优势，也是我们坚定“四个自信”的基本依据。

就此而论，推进国家治理体系与治理能力现代化，既是中国共产党在带领中华民族实现伟大复兴道路上的顺势而为，又是直面百年未有之大变局的应对之策，还是在接受历史检验过程中为中国人民和世界各国提供解决方案的题中应有之义。从这个角度来看，国家治理体系与治理能力的现代化突破了时空的局限，在时间上接续了中国共产党改革开放的历史路径，在空间上拓展了中国在国际社会中的影响范围和影响量级，既内嵌于百年未有之大变局的结构性变化中，又构成了推动变化的核心力量。

在新的历史方位下，中国共产党敏锐地判断了中国社会主要矛盾的变化：国内社会的主要矛盾已经转化为人民日益增长的美好生活需要和不平衡不充分的发展之间的矛盾。这表明过去那种以为现代化是一种均衡、同质和等速发展的观点和认识，已经得到了系统反思。我们已经深刻注意到有贫困人口和贫困地区的存在，因此开展了大规模的扶贫攻坚工作；深刻注意到在发达地区和发达城市中，在富丽堂皇的高楼大厦背后还有年久失修的棚户小区，与宽阔整洁的通衢大道并存的还有局促脏乱的背街小巷……这种现代化的失衡、异质和差速发展又在疫情的冲击下显现无遗。

在相对落后的生产力基础上实现社会主义现代化是一项十分艰巨的事业，必须有步骤分阶段推进。回溯历程，中共十一届三中全会以后，邓小平同志深入思考如何从中国的具体国情出发，加快现代化建设问题。他明确指出：“改革是中国的第二次革命。”① 中国共产党领导的第一次革命，是把一个半殖民地半封建的旧中国变成了一个社会主义新中国；中国共产党领导的第二次革命，是要把一个经济文化比较落后的社会主义中国变成一个现代化的社会主义中国。改革开放以来，高速的经济增长极大丰富了中国国家治理现代化的物质基础，但是也不可避免地带来了发展中一系列影响深远的新社会问题亟待解决。

伴随中国特色社会主义进入新时代，开启从站起来、富起来到强起来的新的发展阶段，固根基、扬优势、补短板、强弱项，已经构成了当前中国国家治理现代化的隐含逻辑和内在要求。因此，中共十九届五中全会通过的《中共中央关于制定国民经济和社会发展第十四个五年规划和二〇三五年远景目标的建议》既有坚守又有变化，稳中求进，守正创新。所谓坚持，在于“十四五”规划建议重申了发展目标不变、战略路线不变和策略原则不变，“两个一百年”的启程初心和历史使命没有变化；所谓变化，在于顶层决策的治理问题意识进一步凸显。

此外，需要指出的是，“十四五”规划建议多达 20 次提到“强国”，在社会主义现代化强国的框架下分别论说了“科技强国、制造强国、质量强国、网络强国、交通强国、贸易强国、海

① 邓小平：《改革是中国的第二次革命》，《邓小平文选》（第三卷），人民出版社 1993 年版，第 113 页。

洋强国、文化强国、教育强国、人才强国、体育强国”以及“健康中国、平安中国、数字中国、美丽中国”。这些关键词不仅是状态用语，用以提炼我们为之奋斗和努力的目标，而且是动作用语，用以概括我们应当遵循的发展战略和工作重点。中国的国家全面规划，已经不可能只是做内视内敛的单向性考量，因为中国国内所发生的事件往往会以不同的方式产生跨界性、国际性和全球性的影响，外部世界的回应和反响同样会影响中国国内。因此，国家全面规划不能不受到外部世界的影响和制约，不能不重置新的国际参照系。甚至在一定程度上可以讲，国际形势的变化已经不再是规划起草时加以考虑的外生变量，而是已经逐步变成内生变量了。

当前，世界百年未有之大变局正加速演进。一个历经数千年传承的古老国度，在中华人民共和国成立特别是改革开放以来取得的重大成就基础上，站到了新的历史起点上，开启了新的发展阶段。自近代以来，几代中国人前仆后继、孜孜以求、夙夜期盼的建成社会主义现代化强国、实现中华民族伟大复兴的梦想，已经遥遥在望，面临着光明的前景。与此同时，站在“两个一百年”奋斗目标的历史交汇点上，在实现中华民族伟大复兴的关键进程中，需要更为艰巨、持久的努力，更需要顺应时代潮流，回应社会主要矛盾的变化，统筹国内国际两个大局，不断满足人民对美好生活的新期待。

2020 年是具有里程碑意义的一年，中国全面建成小康社会，实现了第一个百年奋斗目标。2021 年是中国共产党建党一百周年。着眼于强国之治所指向的目标愿景，现在还远不能休息放松，也不能畏难退缩。一个国家的治理体系的现代化，内含着公共权力运行的制度化和规范化以及民主化、法治、效率、协调等内在要求。推进国家治理体系和治理能力现代化，实现中国良善的强国之治，需要进一步解放思想，努力冲破不合时宜的旧观念的束缚；加强顶层设计，进行科学合理的制度安排，从战略上谋划有关事项；总结地方治理改革创新经验，借鉴其他国家治理经验，坚决破除阻碍社会进步的体制机制；还需要大力提高治理主体的素质水平。①

总而言之，要战胜前进道路上的各种风险挑战，我们就必须在坚持和完善中国特色社会主义制度、推进国家治理体系和治理能力现代化上下更大功夫，不断开创党和国家事业发展新局面，实现社会主义现代化的强国之治。只要我们沿着这条道路继续前进，就一定能够实现国家治理体系和治理能力现代化。②

---

① 俞可平：《走向善治》，中国文史出版社 2016 年版，第 3—5 页。

② 《习近平在中央政治局第十七次集体学习时强调　继续沿着党和人民开辟的正确道路前进　不断推进国家治理体系和治理能力现代化》，《人民日报》2019 年 9 月 25 日。

后　记

推进中国的治理体系和治理能力现代化，既是中华民族之幸事，也是人类社会文明进步的重要里程碑。从“封建帝制”到“人民共和”，从“乡土中国”到“城市化中国”，今时今日之中国治理成就的取得，殊为不易。回顾、思考、审视我们走过的历程，于过往告慰先辈，于未来展望前景，无不意义重大。

社会主义现代化强国建设，既是一个激荡人心的长期历史过程，也是当下中国发展的关键主题。本书的议题酝酿和写作，恰逢一个关键的时间节点。2018 年是改革开放 40 周年，2019 年是中华人民共和国成立 70 周年，2020 年是全面建成小康社会收官之年，2021 年是中国共产党成立 100 周年，2022 年还将召开中共二十大。

当前，席卷全球的新冠肺炎疫情余波未平。在这样的历史时刻，人类命运共同体意识显得尤为珍贵。2021 年 7 月 1 日，习近平总书记在庆祝中国共产党成立 100 周年大会上的讲话中提出了“弘扬和平、发展、公平、正义、民主、自由的全人类共同价值”。就此而论，实现治理体系和治理能力现代化，与追求全人类共同价值是内在统一、紧密契合的。历经数十年风雨，中国从提出“四个现代化”，到推进国家治理体系和治理能力现代化，一路走来所探索出的顶层设计与基层实践的良性互动，国家与社会关系动态均衡调适的发展路径，是一项宝贵的治理经验，尤其值得其他广大发展中国家学习吸取和参考借鉴。

还必须注意到，社会主义现代化强国建设的征程，任重道远，不可有丝毫怠惰。当前中国正处于社会转型和改革发展的关键阶段，面临着维护安全和持续发展的“双重”任务，进一步推进治理现代化的困难和挑战不可谓不艰巨：既要不断促进社会生产力的进步，满足人民群众对美好生活的新向往和新追求，又要回应更精细、更多元、更高层次的诉求。由此，对中国共产党和政府转变治理思维，辨析难点堵点问题的规律性，全面提升治理能力，提出了崭新要求。正是基于上述背景和考量，当代学者尤其是政治学学科的研究者，也理当有所肩担，竭尽职分。

本书采用实践探索与理论引领的“双重逻辑”展开论述，时间贯穿了近代鸦片战争以来不断追求文明进步的现代化全过程。结合重点专题，阐释了坚持和完善中国特色社会主义制度，推进国家治理体系和治理能力现代化这一重大理论和实践问题。一方面从顶层设计、制度构建的角度，回应了国内外学界关于中国走向何方的讨论；另一方面从实践经验和治理绩效的角度，围绕社会治理、城市治理、基层治理等不同维度，梳理和介绍了近年来国内行之有效的治理举措和具体方案，实事求是地回答了中国特色社会主义事业“历史并未终结”。

全书内容共分八个部分（含前言和结语）。前言，论说了写这本书的初衷和意义。结语，是对本书精要的总结。在正文主体部分，第一章主要阐明中国特色国家治理的历史方位，回顾当代中国在现代化进程中的争议和讨论，以及在新的历史方位下，国家治理现代化所面临的形势变化以及相应的需求和挑战。第二章主要分析了中共十八大以来“五位一体”国家治理制度体系建设的情况，包括以党和国家机构改革引领国家政治重塑、以区域经济一体化引领国家经济格局重塑、以城乡治理一体化引领基层社会治理格局重塑、以核心价值引领思想文化重塑、以美丽中国建设引领生态格局重塑。第三章主要分析了如何以治理现代化支持和推动现代化经济体系建设，从生产力角度提出引领现代产业体系建设的治理思路。第四章重点阐述了新时代社会治理现代化制度的建构与完善，包括中国共产党对于社会治理体系与治理能力现代化的顶层设计部署、基层思维、实践探索以及蓝图展望。第五章主要阐明分析当代提升基层社会治理效能的实践逻辑，探讨了基层治理体系现代化所面临的困难与未来应着力突破的问题和挑战，提出了提升基层治理效能现代化的实践创新思路与方法路径。第六章则主要讨论如何构建国际一流的城市治理体系和能力，包括比较视野下的城市国际化治理，中国特色国际化城市治理的理论成果及其创新意义。

本书各章节写作主要分工如下：

前　言　李　岩

第一章　李　岩

第二章　古明明

第三章　曾　江

第四章　李　岩　陈　波

第五章　江文路　李　岩

第六章　陈　波　江文路　李　岩

结　语　李　岩　陈　波

在本书付梓之际，回想 2018 年广东人民出版社钟永宁总编辑一行到访清华园的情景，历历在目。在写作过程中，承蒙廖智聪先生极富耐心给予了大量帮助，承担了认真细致的编辑和联络工作。

在此，谨向为我们完成本书提供过帮助的人，以及为此书出版付出努力的所有人，表示衷心的感谢。限于精力和水平，书中难免有疏漏或不足之处，敬请广大同行及读者指正。

张小劲
清华大学社会科学学院政治学系教授
民政部全国基层政权建设和社区治理专家委员会顾问委员
2021 年 1 月 8 日于清华园